乱れない心をつくる100の言葉

植西 聰

『論語』に学ぶ心の整え方

はじめに

「孔子」について

孔子と言えば、まず思い起こすのは『論語』でしょう。

また『論語』と言えば、まず思い浮かべるのは孔子でしょう。

そのように孔子の『論語』は、古くから日本の文化の中に溶け込み、多くの日本人によって読み継がれてきた書物なのです。

ところで『論語』は、孔子みずからが著した書物ではありません。孔子の死後、孔子を慕った弟子たちによって書かれたものです。弟子たちの記憶に残る、生前の孔子が弟子たちと交わした会話を中心にして編集されたものです。その意味で『論語』は、キリスト教の『聖書』と似ているのかもしれません。『聖書』もまた、イエス自身によって直接書かれた書物ではありません。イエスの弟子たちによって編まれた書物なのです。


本書の冒頭でまず、孔子とは、どのような時代の、どのような人物であったのか、およその概略を述べておきましょう。それを頭に入れてから、この本を読まれれば、また違った味わいが出てくるのではないでしょうか。

孔子は、中国大陸の、現在の山東省《さんとうしょう》で生まれました。紀元前552年のこととされています。当時山東省には、「魯《ろ》」という小国がありました。しかし周囲の大国にたびたび攻め込まれ、政治的にはかなり弱体化していたようです。世間の混乱も激しい時代でした。

孔子の父は、「魯」の武将であったようです。孔子自身も成人してからは、「魯」の国王に献身的に仕えました。しかし、「魯」が隣国によって侵略された時、孔子は、「魯」の国王と共に亡命を余儀なくされます。

ちなみに、その頃すでに、孔子の学問の深さを慕って、何人かの学術の弟子が孔子につきそっていたようです。

さて孔子はその後の政治的混乱の中で、「魯」の国王とも離れ離れになり、数人の弟子たちと共に諸国を放浪して歩きます。その旅の途中で、国々の高官たちに、「この混乱した世の中に平和をもたらすためには、まず為政者（政治家）が確固とした道徳観念を持つことが大切である」ということを説いて回ります。

しかし、この孔子の言葉に真剣に耳を傾ける人は、誰もいませんでした。挫折感に打ちひしがれた孔子は、生まれ故郷の「魯」へ帰省します。

それからは、弟子たちの教育に生涯の情熱を傾けることになるのです。

孔子は七十二歳で、弟子たちに囲まれて亡くなります。まさに波乱に富んだ生涯だったのです。

孔子の教えには、宗教的な色彩があまりありません。それよりもむしろ、私たちが生きるために、また幸福に心安らかに生きていくために有効な「実践的な哲学」が多く含まれています。

この実践的な特徴が、現在に至るまで決して古びることなく、多くの人に読み継がれてきた理由でもあるのでしょう。特に日本では、事業家に熱心な読者が多くいます。

企業経営という非常に実践的な営みと、孔子の実践的な教えとの間に、合い通じる共感できるものがたくさんあるからなのでしょう。

本書もまた、みなさんの実践的な生活を幸福なものにするための一助となれば、幸せこの上もありません。

著者

目次

第一章　より幸福な人生を求める生き方

第二章　人の信頼を集める生き方

第三章　礼儀を重んじ、人を大切にする生き方

第四章 身近にいる人を愛する生き方

第五章　とことん信念を貫く生き方

第六章 何よりも実践を重んじる生き方

第七章 真摯《しんし》に学んでいく生き方

【凡例】

・原文の読み下し一覧は、巻末の索引（二三二頁）をご覧下さい。

・本書の原文の読み方および表記は、主に巻末の資料を参照しつつ、これまで典型的な読み方として伝わっているものを用いました。一部、著者が現代に合わせ、よりわかりやすくとの配慮から、独自に読み下した箇所もあります。

第一章

より幸福な人生を求める生き方

#001

「文、行、忠、信」の四つの理念を貫けば、成功は間違いない

四《よつ》を以《もつ》て教《おし》う。文《ぶん》、行《こう》、忠《ちゅう》、信《しん》。

▼孔子は四つのことを教えた。それは、勉強をすることと行動すること、人の役に立つこと、信念を持つということだ。

これは孔子という人の基本理念を述べた言葉なのでしょう。また長い人生を生きていくうえで、「文、行、忠、信」という、この四つの理念を大切にしていけば、まず間違いなく幸福な生活を送ることができる、自分の人生を成功に導くことができると説いたのです。そして、この四つの理念は、時代や地理的な隔たりを越えて、現代の日本の中で生きていく人たちにさえも、貴重な教訓を与えてくれるのではないかと思うのです。

では、それぞれの言葉の意味を見ていくことにしましょう。

「**文**」とは、教養、知識の意味です。人生は一生「勉強」だと言われます。多忙なサラリーマン諸氏にとっては、仕事以外の時間を使って、本を読んだり、高名な人たちの講演会に足を向けるなどの自己啓発をしていくことは大変なことかもしれませんが、それ

でも自己を向上させていく「勉強」は、決して怠ってはいけない、ということです。また、この言葉は、礼儀作法という意味も含んでいます。教養ある人物は、自然に礼儀正しくなっていくということを言っているわけです。

「**行**」は、行動の意味です。ただ知識だけを蓄えて「頭でっかち」になってはいけない、ということです。知識は行動を伴わなければ、何の役にも立たないという意味です。

「**忠**」は、人のために役立つという意味です。知識を蓄えることも、行動することも、自分の個人的な都合からのものであってはならない。それは人のために献身するものでなければ意味がない、ということです。

「一人はみんなのために、みんなは一人のために」という標語がありますが、まさにその精神を言っているわけです。私たちは多かれ少なかれ、「人の集まり」の中で生きています。その中でエゴイスティックな欲望に従って生きていくのでは、その人は結局孤立してしまい、成功などおぼつかなくなるのです。

「**信**」は、信念を持つという意味です。「これをやり遂げるんだ。何がなんでもやるんだ」という強い意志を持つということです。これがなくては何もできません。

以上四つの理念をバランス良く持ち合わせていくことが大切です。一つが欠けてもいけないのです。四つの理念が相合わさって、その人は初めて、「良き人物」になるのです。

#002

「筋の通った生き方」をすれば、人生に失敗はない

難《かた》きかな恒《つね》あること。

▼世俗に惑わされないことは、難しいものだ。

この文にある**「恒」という言葉は、前項の「文、行、忠、信」という言葉を総合して一つにまとめ上げた言葉**のようにも思えます。つまりは「筋の通った生き方」ということでしょうか。

確かに知識が豊富にあり、いわゆる「頭のいい人」は大勢いるものの、その人は往々にして行動力がない。豊富な知識を駆使して、「それは、こうなっています。ああなっています」と能書きは垂れるものの、いざ行動という段階になると、途端に尻込みしてしまう。

そのような人が案外多く見られます。

反対に、行動力に恵まれた人は、思慮深さが足りない。果敢に挑戦していくものの、たびたび無謀とも思えるようなことに突っ走っていって、痛い目に会ってしまう。

あるいは、知識、行動力、双方ともに恵まれている人であっても、たとえば、自分がお金を儲けることしか考えていない。そのために、人をだましたり裏切ることを平気でする。その結果、人望を失い、成功などできない。

上司から命令されることはソツなくこなしても、自分の頭で判断しなければならないことには、まったく能力を発揮することができない。つまり、それらは自分自身の信念が足りないからでしょう。

ある一面においては、すばらしい素養に恵まれながら、どうも今一つ頭角を現すことができないでいる人は、この世の中には大勢いるのです。そのような人は、孔子に言わせると、「恒のない人」ということになるのでしょう。

繰り返すようですが、**人は、「文、行、忠、信」という四つの素養がバランスよく兼ね備わっていることが大切なのです**。

これを実現することは、一朝一夕ではできません。長年に渡る修練と努力が大切になります。

しかし、不可能というわけではありません。

必ず「できる」と信じましょう。まさに、「信」が必要なのです。あきらめなければ、必ずや実現すると思います。

#003

成功者には、「知・仁・勇」の「三徳」がある

知者《ちしゃ》は惑《まど》わず、仁者《じんしゃ》は憂《うれ》えず、勇者《ゆうしゃ》は懼《おそ》れず。

▼知恵を持つ人は惑わず、思いやりのある人は心配がなく、誇り高い人は恐れない。

「三徳」という言葉があります。これは、すなわち、この文章に掲げられた「知、仁、勇」です。

孔子は、次のように言います。

「教養と智恵があるものは、物事の真実を、判断の誤りなく見抜くことができる。だから、「ああしたらいいだろうか。こうしたらいいだろうか」などと無駄な迷いに悩むことなどない。自分本位になるのではなく、人を大切にし、人としての正しい道を生きる人は、「天命」を知る人でもある。「自分が何をしなければならないのか」を、はっきりと自覚していて、その目的のために日々精進していれば、その人には「憂い」などない。過去の失敗を振り返って、「あの時は、ああすれば良かった」などと思い悩むことはない。そんなことよりも、その人は、未来の目的に向かってポジティブに生きていこうとする

のである。

豊かな智恵を備え、人への深い愛情を持って、また誇り高く生きている人は、何かを「恐れる」ということはない。どんなに困難な運命が待ち受けていようとも、果敢にそれに挑戦していく。困難にひるんで逃げ出すようなことはしない」

以上、孔子は、この「知、仁、勇」という「三徳」を兼ね備えた人を、「最高の人間」としてほめたたえ、また人は、そのような理想像を追い求めながら生きていくべきだと説くのです。

私はよく人に、「成心学」という考え方を話します。この「成心学」は、私のこれまでの人生経験から、思考を体系化した学問なのですが、時に、孔子の学問と非常に似通ったものがあることを感じるのです。たとえば「成心学」には、「上昇思考」（みずからを向上させていこうという考え方）、「喜与思考」（人に喜びを与えて生きる生き方を、みずからの喜びとしようという考え方）、「行動思考」（困難に積極的に挑戦し、それを打破していこうという考え方）がありますが……この三つの「思考」方法などは、そのまま孔子の「知、仁、勇」に当てはまるもののようにも思えるのです。

人が自分の人生を成功に導くための生き方の極意は、今も昔も変わりはないということです。この三つの考え方である「徳」は、今後も永遠に受け継がれていくでしょう。

#004

贅沢をすれば奢《おご》りが生まれ、倹約を主義とすれば頑《かたく》なになる

奢《おご》れば則《すなわ》ち不孫《ふそん》。倹《けん》なれば則《すなわ》ち固《こ》。
その不孫《ふそん》ならんよりは、寧《むし》ろ固《こ》なれ。

▼贅沢をして、奢った人間になるよりも、がんこなくらい倹約を心がけて生きる人のほうがまだましだ。

これは「贅沢三昧の生活をしていると、人は、奢った心が芽生えてくる。いかにも偉そうに振る舞ったり、人をばかにするようなことを平気で口にしたりする。しかし一方、あまりにも倹約を心がけて、ケチケチした生活していると、人は、がんこ者になる。のびやかな人づき合いができないようになる」という意味です。

さて、「贅沢三昧の生活、と、ケチケチした生活、どちらがいい生き方なのだろうか」と問われれば、「ケチケチした生活のほうがまだマシなのだろう」と孔子は言うのです。

その理由を私なりに考えてみたのですが、まず第一に、「ケチな人」というのは、人から「がんこ者」などと揶揄《やゆ》されるようなことを言われるかもしれませんが、それは、その人の生き方の問題であって、他人に何かしらの損害を与えるものではありません。

その点「贅沢な人」というのは、

「だから、あなたはお金がたまらないんですよ」「貧乏人は、だからイヤなんだよ」

などと他人を小ばかにするようなことを言い、傷つけることがあります。

この両者を、「人を傷つけない人」「人を傷つける人」という観点から見れば、前者の生き方のほうが「まだマシ」と孔子は言いたかったのではないでしょうか。

でも、これは、「どっちもどっち」なのではないでしょうか。両者とも、「いい生き方」ではないように思えます。

「たまには食事でもしませんか」と人を誘ったとします。

「ケチな人」は、「そんなことにお金を浪費するのは、もったいない」と言うでしょう。

「贅沢な人」は喜んでお誘いを受け、代金もすべて払ってくれるかも知れません。しかし、「私のほうが君よりお金持ちだからね」と嫌味を言うかもしれません。そんな嫌味を言われたら、気分はよくないでしょう。

つまり、どちらにしても「つき合いづらい」人間であることには変わりないのです。

中国には、「中庸」という言葉もあります。あまり極端な生き方はよくない。バランスを保ちなさいという意味です。時には「贅沢」、時には「倹約」、そのバランスを保った生き方が、やはりベストなのではないでしょうか。

#005

私利私欲の人は落ちぶれ、人のために生きる人は栄える

君子《くんし》は義《ぎ》に喩《さと》り、小人《しょうじん》は利《り》に喩《さと》る。

▼賢い人は正義に明るく、私利私欲の人は利益に明るい。

「義」という言葉の意味は、「人道に基づいた正しい行い」ということです。

平たく言うと、「人との約束を守る」「人とは礼儀をもって接する」「うそは言わない」「人をおとしいれるようなことはしない」といったような、およそ人間関係の基本的なルールをしっかり遵守するということでしょう。そして孔子に言わせれば、この人間関係のルールを守れる人間が「君子」なのであり、守れない人間が「小人」であるのです。

では、なぜ「小人」は往々にして、人との約束を破り、ある時は人をぞんざいに扱い、うそを言っておとしめようとするのでしょうか？

孔子は、その理由を、「利に喩《さと》る」からだと言っています。すなわち利己的な欲望に心がとらわれてしまうから、人間関係のルールを破ってまで、金銭や社会的地位を我がものにしようとするのだと言うのです。「小人」とは、そのような「私利私欲の人」の

ことを言うのです。

自分だけが幸運を手に入れることができれば、他人はどうだっていい。約束を破られたことで相手の心を傷つけようと、だまされて損害が出ようと、そんなことにも平気でいられる。それが「私利私欲の人」であり、「小人」であるのです。

「小人」とは、人を思いやる心がまったく欠けた人間であるとも言えるのでしょう。

しかし、このような人たちが、その人の願い通りに、大金を手に入れたり、高い地位を自分のものにできるのかと言えば、実はそうでもないようです。「私利私欲の人」は世間からうとんじられ、つまはじきにされ、結局孤独の中でしか生きていけなくなるからです。この人の助けになろう、協力しようなどという人は、誰も現れません。

考えてみれば、当たり前のことです。どうして約束を守らない、自分のことばかり考えている人間の助けになろう、協力しようと思ってくれるでしょうか。そんな人は、一人もいないはずです。これが「社会のしくみ」なのです。

一方「君子」と呼ばれるような人は、その義理堅い信条から、人に利益をもたらす人、人に楽しさと喜びを与える人であるとも言えるでしょう。もちろん、このような人は、多くの人から慕われ、また信頼されるのです。「義」を貫いて生きることは、人のためになり、またそれは、自分の幸福のためにも役立つのです。

#006

「楽しみながら」やり遂げる人ほど、強い人はいない

これを知《し》る者《もの》は、これを好《この》む者《もの》に如《し》かず。
これを好《この》む者《もの》は、これを楽《たの》しむ者《もの》に如《し》かず。

▼〝知っている〟ということは〝好きだ〟ということには及ばない。しかし〝好きだ〟ということは〝楽しむ〟ことには及ばない。

オリンピックなどで活躍するスポーツ選手は、よくこんなことを言います。

「まず競技を楽しみたいと思います」と。

競技ですから、選手はもちろん、他の選手に「勝ちたい」のです。オリンピックのような大きな競技会ともなれば、なおさら「勝ちたい」という気持ちは強まるでしょう。

しかし「勝ちたい」という気持ちが強くなり過ぎると、緊張し過ぎて、体によけいな力が入り、いい結果を残すことができなくなる。だから「楽しみ」という意識を持つことによって、精神的にリラックスすることをはかるのだと言います。

実際「ぜったい勝つ」と意識するより、「楽しもう」と思いながら競技したほうが、いい結果が出せるそうです。

「好きこそ、ものの上手なれ」ということわざがあります。

「好き」なことも、それを「楽しみながら」やることによって、さらに上達していくものです。

これはスポーツにかぎらず、仕事でも勉強でも趣味でも、何にでも言えることなのではないでしょうか。

目上の人に命令されたという理由だけで、「いやいやながら」何かをするのは、その人のために何の役にもたちません。自分を向上させることもできませんし、新しい可能性を開くこともできないでしょう。

かえって集中できずに、しなくてもいい失敗をすることになるのではないでしょうか。

技能を上達させるためには、それを「好き」にならなければなりません。

さらに「好き」なことを「楽しみ」ながらやれば、仕事も勉強もどんどん意欲がわいてきて、まさに寝食も忘れ、そのことに熱中できるのです。

もし何か困難に遭遇して挫折することがあっても、「楽しみながら」やっていれば、決してあきらめることはありません。どうにかして、その困難を解決する方法を探し出し、乗り越えていけるのです。

#007

いい意味での競争と、悪い意味での競争がある

君子《くんし》は争《あらそ》うところなし。

▼賢い人は、人とむやみに争わない。

人と争っても、何もいいことはありません。お互いの悪口を言い合ったり、お互いの仕事のじゃまをしたりして、相手を負かそうとするのですが、結局は双方とも疲れ切って共倒れするのが、人と人との争い事の結末ではないでしょうか。

ただ面白いことに、孔子はこの「君子は争うところなし」に続けて、このようにも言うのです。

「必《かなら》ずや射《しゃ》か。揖譲《ゆうじょう》してしかりて升《のぼ》り下《くだ》り、而《しか》して飲《の》ましむ。その争《あらそ》いや君子《くんし》」

この言葉で、人との「争い事」について、「争い事は無益なことだけれども、例外もある」と教えます。

それは「射」、つまり「弓道」です。

これは、まあ、一種のゲームです。二人の人間が、的に向かって弓を射る。どれだけ

正確に的を射ることができるかを争います。

日本の柔道や剣道も、非常に礼儀が重んじられるスポーツですが、古代中国の「弓道」もそうであったようです。試合はお互いに会釈することから始まり、負けた者は勝者に酒をご馳走するという風習もあったようです。「而して飲ましむ」とは、「お酒」のことです。

「礼に始まり、礼に終わる」と言いますが、そのようなルールに則った、正々堂々とした「争い事」は決して悪いことではない、と孔子は言っています。

たしかに私たちの仕事も、ライバルを持ち、そのライバルと切磋琢磨して、お互いに向上していくような「争い事」であれば、決して否定されるものではないでしょう。

それは生産的な「争い事」であるからです。

そうならば、いい「争い事」と悪い「争い事」の分岐点になるものは、何か?

私は、ここで言う「礼儀」があるかないかということではないかと思います。

裏に回って、こそこそと陰口を言うこと。意地悪をして、仕事のじゃまをすること……このような「礼儀」のない行為をすると「共倒れ」に終わってしまうのです。**お互いの目を見つめ合いながら、自分の信じるところを言い合う。また相手の信念を尊重する。これが「礼儀」であり、生産的な、いい「争い事」なのではないでしょうか。**

#008

大人物ほど、人に対しては温厚で柔順な態度を示す

威《い》あって猛《たけ》からず、恭《きょう》にして安《やす》し。

▼威厳はあったが、決して人に威張ったり、感情を荒げたりすることはなかった。非常に温厚で、柔順な人であった。

見出しの言葉は弟子の一人が、ふだんの孔子の様子を言っているのです。

およそ、「いい印象をあたえる人」というのは、このような「人の姿」をしているのではないかと、私は思います。当然、友人も多いでしょうし、多くの人から慕われる存在なのでしょう。

孔子は、言わば「偉い人」でした。

学識があり、経験豊かな思想家でもありました。

「偉い人」の中には、ふんぞり返った傲慢な態度をしている人もいます。

口には出さなくても、その態度が、

「オレ様は偉い人だぞ」

と語っているのです。

しかし、そのような態度は、人に悪い印象を与えてしまうものです。「どんなに偉いか知らないけど、こんな人とは仲良くなりたくないね」と人から敬遠されるのがオチでしょう。

どんなに偉くとも、また頭がいい人であっても、そんな態度は少しも出さず、「温厚で、柔順に」人に接することができるからこそ、周囲の人は、その人を、「とっても印象がいいなあ」と感じることができるのです。

言い換えれば、人に対して威張ったり、ふんぞり返った態度を見せる人というのは、実際は、それほど「たいしたことのない人物」なのではないでしょうか。

「たいしたことのない人物」だから、それを人から悟られないために、態度に傲慢なものが出てきてしまうのです。

本当に自分に自信を持って生きている人は、人に対してはかえって腰の低い態度を示すものです。

人からどう思われようと、自分への自信が揺らぐことなどないからです。

この言葉は、人との「つき合い」において、私たちが参考にするところが多い言葉であるように思います。

#009

「やり過ぎ」は、かえって自分を不幸にする

釣《つ》りして綱《こう》せず、弋《よく》して宿《やど》を射《い》らず。

▼釣りしても、綱を使って、水の中にいる魚を根こそぎとるのはよくないことだ。矢を使って鳥を取るのはいいが、鳥の巣を狙って、そこに育っているひな鳥をも捕獲してしまうのはよくない。

孔子は、この言葉で、ある意味、006で述べたこととは矛盾するようなことを言っています。**「没頭するもの」を持つことは大切だ。しかし、それには「節度」というものが必要にもなる**」と、ここで言っているからです。

「弋」とは、矢に糸をつけて、その糸に鳥の羽を絡ませて鳥を捕獲する方法のことです。つまり、孔子は「矢を使って鳥を取るのはいいが、鳥の巣を狙って、そこに育っているひな鳥をも捕獲してしまうのはよくない」と言っているのです。

これはわかりやすく言えば、「あまり欲張り過ぎてはいけません」という意味です。

一例を挙げてみます。

現代社会は言うまでもなく、競争社会です。

特に企業は、ライバル会社よりもより大きなシェアを獲得するために日夜悪戦苦闘しています。

しかし、だからと言って、ライバル会社をすべて蹴落として、市場を一社で独占してしまうようなやり方は、「やり過ぎ」というものです。

このような「自分さえ良ければ、それでいい」という方法は、かえって市場経済の健全な成長を妨げてしまうのです。

個人の生き方でも同じことです。

出世への願望を持つことは、もちろん悪いことではありませんが、自分だけが出世すれば他の人たちはどうなってもいいというのはよくありません。

そのような利己的な人の存在は、やはり会社全体としての健全な発展を妨げてしまうのです。

「没頭するもの」を持つことはいいことですが、それは自己の成長と、自分が所属する組織や他の集団の発展の、双方が両立するものでなくてはならないのです。

自分一人の富や名声を獲得するために、あまり「欲張り過ぎてはいけません」ということです。

#010

「お金を得る」ことのみを追い求める人は、不幸な人

疏食《そし》を食《く》らい水《みず》を飲《の》み、肱《ひじ》を曲《ま》げてこれを枕《まくら》とす。楽《たの》しみまたその中《なか》に在《あ》り。

▼粗末な食べ物を食べて水を飲み、ふかふかの枕もなく肱を枕とするような貧しい住居に暮らす。しかし本当の人生の楽しみとは、決して贅沢な生活の中にはないのである。

この言葉は、次のように続きます。

「不義《ふぎ》にして富《と》みかつ貴《とうと》きは我《われ》においては浮雲《ふうん》のごとし」

ズルいことをして莫大な富を手に入れ、人からあがめられるような人こそ、哀れむべきなのだ。その人は、本当の「人生の楽しみ」など知らない。私にとっては、そんな人生は取るに足りないものだ、というわけです。

みずから貧しい生活の中で、学究を極めた孔子ならではの言葉です。

さて、この言葉もやはり、現代という時代に通用するのではないかと思うのです。

もちろん、まったく「お金なし」の生活などは考えられません。

孔子の時代には、お金などまったく持たなくても、それなりの生活はできたのかもし

れませんが、現代では、お金は空気や水と同様に、生きていくためには欠くことができないものです。

しかし、それでも、お金はあればあるほどいいのか、と考えれば、それは必要な分だけあればいいのであって、お金のある人は、ない人よりも、それだけ幸せなのかと言えば必ずしもそうではないのです。

むしろ、孔子が言う通り、より多くのお金を得るためにズルいことをしたり、人をだましたり裏切ったりすることは、不幸の始まりのようにも思います。お金のあるなしは、幸福のバロメーターではないのです。

「お金に困る」という状況は別なのでしょうが、ほどほどの財産しかなくても、幸福に生きている人はたくさんいるでしょう。

人生は「お金を得る」ことを目的とするのではなく、もっと高尚な志を持つべきなのです。**目指すものがある人、また目指すものに向かって懸命に生きている人は、それだけで幸福です。また、そのように懸命に生きていれば、幸福に生きていくのに足るだけのお金は自然に集まってくるもの**です。

不幸なのは、単にお金だけが人生の目的となった人です。しかしお金は、道具です。目的ではありません。

#011

自分を向上させる環境への転身をはかってもいい

里《り》は仁《じん》を美《よし》となす。択《えら》んで仁《じん》に処《お》らざれば、焉《いずく》んぞ知《ち》を得《え》んや。

▼田舎に住む人は、都会の人に比べて、人情に厚い。こういう人情に厚い人たちと一緒に暮らしていれば、誰であれ人徳を身につけるだろう。

「里」というのは、「地方」「田舎」という意味です。

それほど重要なことが言われているようには思えないかもしれませんが、ここではこの言葉の意味を多少広く捉えて考えてみることにしましょう。

というのも私には、「地方に限らず、自分の周りにあるいい環境が、自然に、その人の人格を良いものにしていく」と解釈できるからです。

「環境」というのは、「人間関係」と言い換えられるのではないかと思います。

孔子の名声を慕って、多くの人たちが孔子の元を訪れて、弟子入りしました。孔子のようなすぐれた人格者と日常的に会話を交わしたり、一緒に過ごしたりするうちに、自然に自分が向上していくように思う人がたくさんいたからでしょう。

すぐれた人には、人を「感化」する力があります。

すぐれた経営者の元には、また、有能な社員たちが多く集まってくるものです。そのようなすぐれた人たちの間で働いていれば、自分の能力以上の力が発揮でき、素晴らしい業績を残せるのではないでしょうか。

いい意味での相乗効果が生まれるのです。

「類は友を呼ぶ」という言葉もあります。

なぜか、すぐれた人の元には、すぐれた人が集まってくる。

そして反対に、愚かな人は、愚かな人を友人に持ちたがる、という傾向もあるようです。

もし、現在の生活よりもさらに良い人生を追い求めているならば、自分が今置かれている環境がどのような環境であるのか、もう一度点検してみましょう。

この環境は、自分を向上させるのに適切な環境であるかどうか。

友だち・同僚・上司・部下・そして職場……こうした環境が、自分を向上させるのに、もし不適切なものであるならば、思い切って新しい環境への転身をはかるのもいいかもしれません。

#012

生活の貧富に惑わされるな。まっすぐに道を歩け

不仁者《ふじんしゃ》は以《もっ》て久《ひさ》しく約《やく》に処《お》るべからざるなり。以《もっ》て長《なが》く楽《らく》に処《お》るべからざるなり。

▼愚かな人間というのは、貧窮した生活に耐えられない。かといって安楽な生活も、また長続きしないのが、愚かな人間である。

「約」とは、「貧窮した生活」のことです。

この言葉に対するものとして、「楽」という言葉が置かれているのですが、これは「安楽な生活」という意味です。

「愚かな人間というのは、貧窮した生活に耐え切れなくなって盗みを働いたり、人をだまして金銭を奪い取ったりする。

しかし、たとえば奪い取った金銭で安楽な生活ができたとしても、すぐに奢り高ぶった人間となり、自慢したり他人をばかにしたりするから、そのために人の怨《うら》みを買い、せっかく手に入れた安楽な生活も失ってしまうハメになる。

だから、そもそも愚かな人間というのは、『生活』に安住することができないのだ。

根無し草のように、あっちへふらふら、こっちへふらふら、という生活しか送ることができない」と孔子は言っているのです。

そして、この言葉は、次のように続きます。

「仁者《じんしゃ》は仁《じん》に安《やす》んじ、知者《ちしゃ》は仁《じん》に利《り》す」

意味は、「賢い人間には〝仁〟が備わっているから、たとえ貧しい生活であろうとも耐え忍ぶことができるし、恵まれた生活にあっても、奢り高ぶることはない」

つまり、しっかりとした精神基盤というものがある、ということです。

身近にいる人であっても、まるで一年ごとに仕事を変えているような、腰の定まらない人はいないでしょうか。

そのような人は、孔子にいわせれば、この「愚かな人」の部類に属するのかもしれません。

賢い人には、「仁」がある。「仁」とは、「道徳」と呼び換えてもいいかもしれません。

夢があり、その夢に向かって信念をもって、まじめに頑張っている人。そのような人は、生活の貧富には惑わされず、道をまっすぐ歩いていく人なのです。

#013

四十歳をどう過ごすかで、その人の人生は決まる

年《とし》四十《しじゅう》にして悪《にく》まるるは、其《そ》れ終《お》わらんのみ。

▼四十歳になって、周囲からとやかく悪い噂を立てられるのは、その人の人生がどうしようもなかったということの現れである。

なかなか辛辣《しんらつ》な言葉です。

孔子には他に、『四十にして惑わず』という言葉があります。

四十歳という年齢は、その人の信念が定まり、他のことには惑わされなくなる年齢だ、という意味です。

生きる目標がしっかりと定まり、ふらふらと心が揺れ動くようなことはない、ということです。

また逆の言い方をすれば、**四十歳にもなって、ちゃらんぽらんな生き方をしているような人は、人間として見込みがない**ということでもあるのです。

今で言えば、四十歳は、ちょうど働き盛りの年齢です。

大学を卒業してから、すぐ就職するのであれば、社歴二十年近くになる中堅社員といったところでしょう。

仕事に関する経験も知識も加わって、自分で判断し、計画を立てて実行に移す裁量も許されてきます。

仕事のアイディアがどんどん沸き上がってくるのも、この年代なのではないでしょうか。ビジネスマンは、仕事がもっとも面白い時でしょう。

そのような時期に、まったく仕事に生きがいを感じることができずに、のんべんだらりと日々を過ごしているような人は大成することが難しいと、孔子はこの言葉で言っているのです。

私生活にしても同じことでしょう。

結婚し、家を建て、一家の大黒柱となる頃です。そのような時期に、何かのギャンブルでお金を浪費しているような人は、やはり人として大成するのは難しいのです。

四十歳という年齢を、どのようにして過ごすのか。これは、その人の人生に大きくかかわってくる問題のようです。

寿命が延びた今、四十歳は、人生のターニングポイントでもあります。人生の折り返し地点をうまく走り抜ける人は、人生の成功者なのです。

column

幸福な人生を求めるなら謙虚な姿勢が大事

・一生懸命に学び、人には愛情をもって接する。そして、勇気を持とう。
・ごまかしたり嘘を言うのではなく、筋の通った生き方をしよう。
・ほどほどのところで満足する生き方を求めよう。
・人のために献身的に生きる人には、幸福が待っている。
・「イヤイヤながら」ではなく、「楽しみながら」やり遂げよう。
・人に対しては、優しい温厚さで接しよう。
・何事も、やり過ぎてはいけない。
・自分をより良く向上させてくれる環境に身を置こう。

第二章

人の信頼を集める生き方

#014 部下の力を信頼できない上司は、良い上司ではない

民信《たみしん》なくば立《た》たず。

▼民衆の力を信頼しなければ、国家は危ういものとなる。

これは孔子の政治論ですが、企業の「上司」論としても役立つのではないかと思います。上司は、部下の力を信頼する気持ちがなければ、チームの運営はうまくいかないのではないでしょうか。

ある経営コンサルタントが言っていましたが、ダメな上司というのは、部下に仕事を任せられない人だそうです。部下に仕事を任せずに、何でも自分でやってしまうのです。

この上司の論理としては、

「ダメな部下ばかりだから、自分がやらなければ仕事がうまくいかない」

ということですが、実は、そうではありません。

仕事を任せてもらえないから、いつまでも部下は、仕事が上達しないのです。

人というのは、自分も「何かの役に立つ重要な存在になりたい」という欲求を持って

います。この欲求を「自己重要感」と言いますが、上司の仕事の一つは、部下のこの「自己重要感」を満たしてあげるということではないでしょうか。

「自分は、いい仕事をした」という満足感を部下に味わわせてあげることです。

そして、そのためには、**部下の力を信じ、部下に仕事を任せてみる**ことが必要なのです。いつまでも仕事を任せてもらえない部下は、やはりいつまでも「自己重要感」を満足させることができません。

部下は、上司から「自分が信頼されている」という実感が得られれば、「信頼に応えよう」と熱心に仕事に打ち込むものなのです。仕事を任せてもらえない部下は、「自分は信頼されていないんだ」とすねてしまって、やがて仕事へのやる気を失っていくでしょう。

やる気を失った部下を見て、その上司は、「これでは、ますますあいつに仕事を任すわけにはいかない」と考えるようになります。そして部下は、ますますやる気を失っていく、という悪循環も生じかねません。

こういう上司は、もしかしたら部下に失敗されることを恐れているのかもしれませんが、勇気を出して部下に仕事を任せてみたほうがいいのです。上司と部下の信頼関係は、そこから始まるからです。

#015

人のために生きることが、自分自身の幸福を実現する

己《おの》立《た》たんと欲《ほっ》して人《ひと》を立《た》て、己《おの》達《たっ》せんと欲《ほっ》して人《ひと》を達《たっ》す。

▼人を立て、人を大切にすることで、自分自身も尊重され、また人から大切にされる。人の夢の実現を応援することによって、また、自分の希望もかなえられる。

逆説的にも聞こえる言葉ですが、世の中というのはどうも、このような「しくみ」になっているようです。

言い方を変えると、

「自分のことばかり大切に思うエゴイストは、人から嫌われ、苦しい思い、悲しい思いをしなければならない。自分の利益ばかり追い求める人間も同じで、孤立してしまい、結局自分の希望を達成することはできない」

ということでしょう。

ある事業家のことをお話してみたいと思います。

その人の経営する会社は、かつて、非常に苦しい一時期があったのです。商品が思う

ように売れず、経営が行き詰まってしまったのです。

このような場合、経営者は普通、社員の給料をカットするとか、あるいは社員を解雇してリストラをはかろうと考えます。

しかし、その社長は、反対に社員の給料をアップしました。この社長は、社員を集めて言ったそうです。

「確かに今、会社経営は苦しい時期にあるが、このような時期であるからこそ、この困難を打破するために、君たちには一層努力してもらいたい。そのために君たちの給料をアップしたのだ」と。

この経営者の「心意気」に、社員の中には涙を流す者さえあったということです。

そして、「この社長に報いるために頑張ろう」と社員同士で話し合って、一生懸命働きました。

そんな社員たちの頑張りのおかげもあって、社業は上向きとなり、危機を乗り越えることができたのです。

これなどは、まさに、この孔子の言葉のいい実例ではないかと思うのです。

#016

良い上司は、いつも人間性を磨いている

人《ひと》にして信《しん》なきは、その可《か》なるを知《し》らざるなり。
大車《だいしゃ》輗《げい》なく、小車《しょうしゃ》軏《げつ》なければ、それ何《なに》を以《もっ》てかこれを行《や》らんや。

▼誠実でない人間が、どうして人を感動させたり、人を率いて何かを成し遂げることができるのだろう。連結する器具がない牛車や馬車のように、連結する部分である誠実さのない人間には、誰もついてこない。

「大車」というのは、「牛車」のことです。それには「輗」と呼ばれる、牛と荷台に連結する部品がついています。

「小車」というのは、「馬車」のことです。それには「軏」と呼ばれる、馬と荷台に連結する部品がついています。

「牛車」も「馬車」も、荷台を連結するこの部品がなければ、車を動かすことができません。

牛や馬が荷台から離れてしまうからです。

それと同じように、「信」のない人間が、どうして人を感動させたり、人を率いて何かを成し遂げることができるのだろうかと言う意味です。

これは「信頼感」「信用」の「信」、またその人の誠実さを言い表す言葉です。一言でいえば、その人の「人間性」と言えるのではないでしょうか。

いくら仕事ができる人であっても、また才能や技量にすぐれたところがあるといっても、「人間性」に欠点がある人は、人から尊敬されることはありません。

私が思うところ、部下から嫌われる上司のタイプには、いくつかの典型的な特徴があるように思われます。

1　性格的にしつこい上司。しかも、陰湿である。

2　自分の自慢ばかりする上司。部下の功績をいっさい認めない。「私の指導の仕方がよかったからだ」と、部下の手柄を横取りする上司。

3　優柔不断で、自分で決断できない上司。また、ことなかれ主義で、自分のポストを必死に守ろうとする。

上司というのは、仕事の面において、人よりもすぐれたところがなくてはなりません。しかし、それだけでは足りないのです。

そこで必要なのが「人間性」というわけです。

人を「引きつけるもの」とは何か。それこそが人を思いやる、人を尊重する精神、つまり「人間性」であると思うのです。

#017 その人が信頼できる人間かどうかは、ここで見極めろ

その以《な》す所《ところ》を視《み》、その由《よ》る所《ところ》を観《み》、その安《やす》んずる所《ところ》を察《さっ》す。

▼その人のふるまいを見て、その人の経歴を観察し、その人の落ち着きどころを調べてみよう。このようなところを見ておけば、その人がどのような人柄であるかは、たいがい察しがつくものだ。

初めて会う人に対して私たちは、「この人は、どのような人だろうか」と考えます。言葉づかいや、その人の身なり、服装、あるいは名刺に書かれてある肩書きなどから、私たちは、その人の「人柄」を想像します。

孔子はまず、その人の「以す所」を見なさい、と言います。これは、その人の「外面的な部分」をさします。

次に、その人が、なぜそのようなことをするのか、その動機はどこにあるのか、考えてみなさい、と言います。

たとえば、目の前にある人物がいるとします。その人物は、言葉づかいもていねいで、礼儀正しく、服装も上等のものを着ています。さて、たしかにその人物は、外見に似合っ

た「立派な人物」なのかもしれません。

しかし、実は、この人物は、心の奥では、人をだまそうと悪巧みを抱いている悪質な人かもしれないのです。それを悟られないために、一種のカムフラージュとして、言葉づかいをていねいに、服装も上等なものを着ているのかもしれないのです。

「そこのところを、しっかりと見極めなさい」と孔子は言っているのです。

最後の「安んずる所を察す」、これが一番肝心なところです。

その人物の、ふっと気が抜ける瞬間、笑ったり、あくびをしたり、よそ見をしたり、そのような瞬間を見逃すな、と孔子は言います。「気の抜けた瞬間」に、いくら紳士を装っていようとも、その人の本性が現れる、というわけです。

本当にその人物が「立派な紳士」であれば、笑顔にも、またあくびにも、上品さが感じられる。しかし、その人物が「偽物の紳士」であれば、そのような瞬間にこそ、だらしない下品な一面が垣間見えるというわけです。

逆の言い方をすれば、それほど身だしなみが上等ではない人であっても、たとえば笑顔に上品さが感じられる人は、本性が立派であるということでしょう。

ここが、その人物を見極める重要な視点なのです。私たちが日常生活を営むうえで、非常に役立つ実践的な言葉です。

#018

人の上に立つ人間は、部下の模範たれ

直《なお》きを挙《あ》げてこれを枉《まが》れるに錯《お》けば則《すなわ》ち民服《たみふく》す。
枉《まが》れるを挙《あ》げてこれを直《なお》きに錯《お》けば則《すなわ》ち民服《たみふく》せず。

▼礼儀正しく、思いやりに厚い人格者が人の上に立てば、おのずと下の者たちも正しい方向へ進んでいくようになる。上の者が、勝手気ままな、間違った行動を繰り返せば、人はまとまらない。

これは弟子の一人から、よき「政治のあり方」について尋ねられ、孔子が答えた言葉です。

すなわち、「民衆を束ねていくには、統治者としては何を心がけるべきか」を孔子は問われたのです。

およそ人の上に立って、人を管理指導する役割にある人には、参考になる言葉だと思います。

言ってみれば、ごく当たり前のことです。しかし、この「当たり前」のことを心がけるのが、人間には意外と難しいことなのかもしれません。

人の心は弱いものです。権力を自分の手にすると、その権力を自分の利己的な欲望に利用しようとする人が、どうしても現れてくるものです。

権力の座にあっても、自分の利己心をセルフ・コントロールできる人は案外少ないのではないでしょうか。

私たちが働く職場にもよく、このような人がいます。

「自分には甘く、他人には厳しい人」です。

たとえば、昨晩お酒を飲み過ぎて、出勤に遅刻してしまうとしましょう。それが自分のことであれば、「いやあ、すまん、すまん」の一言で片づけてしまうのですが、部下の一人が遅刻しようものなら烈火のごとく怒り出します。

「ばか者！職場を何だと思っているんだ」といった具合なのです。

当然このような上司は、部下から慕われたり尊敬されることはないでしょう。そして職場の中は暗い雰囲気に包まれ、部下は上司の言うことに反抗するようになり、チームはばらばらになっていきます。

職場の生産性は、どんどん低下していくでしょう。

「人の上に立つ人間は、部下の模範たれ」と言われます。

上司がみずからの襟元を正せば、部下も自然ときちんとした人間になっていくものなのです。

#019

人の上に立つ者は、まず末端にいる社員のことを思え

能《よ》く礼譲《れいじょう》を以《もっ》て国《くに》を為《おさ》めんか。何《なに》かあらん。礼譲《れいじょう》を以《もっ》て国《くに》を為《おさ》むる能《あた》わざれば、礼《れい》を如何《いかん》せんや。

▼譲り合う心で国を治めることができたとしよう。そうすれば、困ったことは起こるまい。譲り合う心で国を治められないのなら、礼儀を身につけていたとしても意味がない。

人に接する時は、「礼譲」の精神をもって接しなければなりません。「礼譲」とは、一つには「礼儀」の「礼」です。そしてもう一つには、「謙譲」の「譲」です。「相手を尊ぶ」ということです。

「礼儀正しく、相手を尊敬する心」を忘れてはならないということです。

特に、ここでは、「国をおさめる者」に対してこそ、この「礼譲」の精神を忘れてはならない、と孔子は言っています。人の上に立ち、人を束ねていく立場にある人は、肝に銘じておかなければならない言葉なのではないでしょうか。

「経営は人なり」と、よく言われます。会社というのは、言ってみれば、人と人との集まりなのです。ですから、いくら大きな建物に入っている会社であっても、いくら大き

な看板を掲げている会社であっても、そこにいる「人」が、愚かであるなら、その会社はやがて衰退していきます。

一方、たとえ小さな会社であっても、そこで働く人たちが、すぐれた人であれば、その会社の前途は明るいのです。ソニーにせよホンダにせよ、もともとは小さな町工場でした。それが今や世界的な大企業になったのは、創業当時そこに居合わせた人たちが、みな、すぐれた人たちであったからに違いありません。

それでは会社で働く人たちを、どう活性化すればいいのか。そのような環境をどうやって作ればいいのか。これはひとえに経営者、人の上に立つ人の手腕にかかっています。そして経営者の手腕として一番大切なものとは、私は、この「礼譲」の精神ではないかと思うのです。

さて社員や部下に対する「礼譲」の精神とは、何でしょう。

それは社員たちが、「喜んで働ける環境」を作る、ということではないかと思います。

幹部にとって「いい環境」というのではなく、末端の、現場で働くような人たちにとって、「この会社は働きやすいなあ」「この会社に入社して、本当に良かったなあ」と思えるような環境を作ることです。

それができれば、会社の発展は間違いないように思います。

#020

人の上に立つ者は、まずは自分の襟元を正してみよう

苗《なえ》にして秀《ひい》でざるものあるか。秀《ひい》でて実《みの》らざるものあるか。

▼苗がいいにもかかわらず、花を咲かせないことなどあるだろうか。花を咲かせたのにもかかわらず、実らないことなどあるだろうか。そんなものはない。

穀物にしても、リンゴやイチゴなどの果物にしても、食物を育てるというのは、たいへんな仕事です。

農地に苗を植えても、花も咲かずに枯れてしまうものも多いそうです。

また、せっかく花が咲いても、実を結ばずに枯れてしまうものも、また多いと言われています。

そのような食物を育てる仕事にたとえて、孔子は、こう言ったのです。

「〝いい苗〟はすべて花を咲かせ、実を実らせるのである。にもかかわらず花を咲かせず、実を実らせない苗があるのだとしたら、それは農夫の努力が足りないのだ」

もちろん「人と人との関係」のたとえとして言っているのです。

つまり、このようなことなのでしょう。

「人には、生まれながらにして能力に優劣などない。人はみなすぐれた存在として、大きな可能性を持つものとして生まれるのである。にもかかわらず大人になってから、すぐれたものと劣ったものとに分かれるのは、その人を導き、教えたものの努力が足りなかったのである。」

孔子はきっと「だから人を指導する立場にある者は、決して努力を怠ってはいけない。全力を挙げて、人を導いていかなければいけない」と言いたかったのでしょう。

「近頃の若い者には、忍耐力がない」などと不平を言う上司がいます。

しかし、そのように**若い人に苦言を呈する前に、上司は自分自身のことを少し反省してみてもいいのではないでしょうか。**

この孔子の言葉によれば、若い人の、「忍耐力のなさ」は、その人を指導教育する立場にある人に原因があるのです。子は親に似ると言いますが、その意味では、部下は上司に似るのかもしれません。

まずは自分自身の襟元を正すことが大切です。

それが上司に求められているのです。

#021

「まごころ」をもって人に接すれば、人の信頼を得られる

忠信《ちゅうしん》を主《しゅ》とし、義《ぎ》に徙《うつ》るは、徳《とく》を崇《たこ》うするなり。

▼忠義と信用とを第一にして正義へと移っていくのが、人徳を高めることだ。

これは孔子が、弟子の一人に、「徳を積んで、みずからを高める、とは、どのようなことですか」と質問されて、答えた言葉です。

まずは、「**忠**」です。これは「忠義」の「忠」で、主君や国に対して献身的に尽くす、という意味でもあるのですが、一般的に言えば、「まごころ」をもって生きる、ということでしょう。何かの宣伝文句に「まごころのサービス」などとありますが、相手の言っていることをよく聞き、相手が何を欲しているのかよく理解し、それに対して誠心誠意努力する。一口で言えば、「人を愛して、人に接する」ということでしょうか。

「**信**」は、「信用」の「信」です。「まごころ」をもって人に接していけば、自然と人望が集まり、人からの信用が得られる。そのような意味で用いられた言葉でしょう。

「**義**」は、「正義」という意味ですが、「道徳」と理解したほうが、今の時代に生きる私

たちの感覚に合っているかもしれません。

人づき合いする時の礼儀作法を心得、「ずるいことをして、お金をもうけよう」などとは考えず、人に対しては愛情をもって接する。このような道徳的な生活を送り、また、「まごころ」をもって人から「信用」されるように心がけていけば、人としての「徳」は自然に高まっていく。そう孔子は言っているのです。

先日、ある人が面白いことを言いました。

「女性を口説く方法」と、「世の中で成功する方法」には似通ったところがある、というのです。本心から、女性を口説く場合には「その人」を好きになり、世の中で成功するためには「仕事」を好きになり、まごころと誠意をもって尽くす。そうすれば、女性も自分に心を向けてくれる。あるいは社会的な信用が得られ、重要な仕事を任せられるようになる。そうして、女性とは相思相愛の仲となり、社会的には成功する。

孔子の言う「徳のある人物になるための方法」も、まさに、この通りでしょう。そして、その人は、女性の場合も仕事の時も、嘘を言って強引にどうにかしようとすると必ず失敗する、とつけ加えていました。これも、孔子の「義」という考え方と共通するところです。

#022

人にものを教える時は、ヒントを与えるだけでいい

憤《ふん》せざれば啓《けい》せず、悱《ひ》せざれば発《はっ》せず、一隅《いちぐう》を挙《あ》げて三隅《さんぐう》を以《もっ》て反《はん》せざれば、則《すなわ》ち復《ふたた》びせず。

▼期待でわくわくしていなければ指導しない。何か言いたそうにしていなければ、はっきり教えない。一つの隅をとりあげて示すと後の三つの隅で答えるというほどでなければ、繰り返すことはしない。

「いい上司」とは、どのような人のことを言うのでしょうか。確実に当てはまることは、部下に適切に指示を出すことができ、うまく育てることができる上司ということでしょう。

孔子も、この言葉で、「いい上司」とは、どのような人を指すのかを説いているのです。「部下が行き詰まっている様子を見せている時に、初めて何かしらのアドバイスをしてやるべきなのだ。部下が自分自身の力で、万事滞りなく仕事を進めている場合には、上司は何も言うべきではない。そっと見守ってやるだけでいいのである」と。

「子供を甘やかす親のように、すべてに渡って手取り足取り部下の仕事を手伝ってしまうと、部下は自分で考えることをしなくなる。自主性を失ってしまう。だから、部下が

「物事を自分で考える」余地が残るように教えてあげなければならない。

それが、「啓する」、つまり「啓蒙する」「啓発する」という意味なのだと言っています。

孔子は、「厳しい人」でもあったのです。しかし、その時々に厳しく弟子たちに接することによって、弟子が健全に育っていくことを知っていたのです。

「いい上司」とは、時に「厳しい上司」でもあるのです。

会社で部下が、仕事がうまくいかなくて困った顔をしている時、すぐに手を貸してあげるのは、良い上司とは言えないのかも知れません。困難は自分の力で打破しなければ、その人に真に力がついたことにはならないのです。経験豊かな上司が部下の仕事を手伝ってあげれば、確かに仕事はスムーズに運ぶでしょう。しかし、それでは部下に、真の力がついたことにはならないのです。

あえて見て見ぬふりをする。助言をしたとしても、ほんの少しのヒントを与えるだけに留める。これは部下にとっては「厳しい」ことでしょう。しかし、その厳しさが、人を育てるのです。

甘やかされて育った子供が、うたれ強い人間になれないように、部下を甘やかす上司は、ひ弱で、問題処理能力のない社員しか育てることができないのです。

#023

重要なことは、「まれに」言うことで効果が増す

子罕《しかん》れに利《り》と命《めい》と仁《じん》を説《と》く。

▼**利益と運命と心の持ち方についてはほとんど言わなかった。**

「子」、つまり孔子は、まれに「利」と「命」と「仁」を弟子たちに教えた、という意味です。それほど難しい言葉ではありません。「利」「命」「仁」とは、人間が生きていくうえで大切になる三つの要素のことを言います。

「**利**」は私たちが生きていく「社会」のことを言っています。

一方、「**命**」とは、私たちの肉体に宿る「命」のことです。血液の流れ、心臓の鼓動のようなものを想像してみてもいいかもしれません。

「**仁**」は、「心の持ち方」の意味があります。

すなわち人間は、社会、命、そして心、この三つの構成要素を主体として成り立っている。ですから人間は、社会を、命を、心を、よりよく修めるための勉学に励まなければならないというわけです。

ところで、この中でもっとも注目しなければならないのは、「罕《ま》れに」というフレーズです。

孔子は、「利と命と仁」、このような重要なことをしょっちゅう言っていたのではなく、「まれに」しか言わなかったのです。しかし、「まれに」しか言わなかったからこそ、かえって重要なものに、重い響きのあるものに聞こえた、ということなのです。

たとえば会社で上司が部下を指導するような時に、「これは、こうしなさい」「あれは、ああしなさい」という重要な注意事項を、上司がいつもいつも、部下と顔を合わすたびに、口が酸っぱくなるくらい言い聞かせるよりも、むしろ、「まれに」強く言い聞かせるほうが効果があるということです。

毎日のようにご馳走を食べるより、年に何度か、特別な記念日の時に、「まれに」食べるからこそ、ご馳走はより美味しく感じられるものです。それと同じことでしょう。

いつも怒ってばかりいる上司の発する言葉というのは、案外「軽い」ものです。「まれに」しか怒らない上司が本気で怒った時こそ、その言葉は部下に重く感じられます。

「何度言ったらわかるんだ」が口ぐせになっている上司もいるようですが、「何度も」言っているから、かえってその言葉が部下に伝わっていかないのです。そのような逆説的な場合もあるのです。

#024

忍耐力のない部下を叱る、高度なテクニック

徳《とく》の脩《おさ》めざる、学《がく》の講《こう》ぜざる、義《ぎ》を聞《き》きて徙《うつ》る能《あた》わざる、不善《ふぜん》を改《あらた》むる能《あた》わざる、これ吾《わ》が憂《うれ》いなり。

▼道徳を修めるということは難しいものだ。学問をすることも大変だ。正義を行動に移すことも難しい。よくないことを改めるのも、なかなかできない。これが私の至らぬところなのだ。

これは孔子が、今一つ勉学に身の入らない弟子たちを叱るために言った言葉だと伝えられています。

ぼんやりと無駄に時間の過ぎ去るのを過ごしている弟子たちに向かって、「どうしたんですか。もっと頑張って勉強しなければダメじゃないですか」と叱りつけるのではなく、孔子は自分のことを引き合いに出しているのです。

孔子は、我が身の至らなさを嘆く姿を弟子たちに見せることによって、弟子たちに反省を促しているのです。孔子に、このように言われた弟子たちは、さぞ恥ずかしい思いをしたに違いありません。

たとえば新入社員は、入社当初はやる気まんまん、はつらつとした姿で仕事に取り組

むものですが、会社の雰囲気に慣れてくるに従ってだんだんとその活気が失われていきます。とくに五月のゴールデンウィークの後は「五月病」などと言って、とたんに意気消沈してしまう社員も現れます。

そんな社員に向かって、上司ならば、「たるんでるぞ」と怒鳴りつけたくもなるでしょうが、その気持ちはひとまず押さえて、こう言ってみるのです。

「連休の後は、なかなか仕事のエンジンがかからないものだよね。私でも、そうだよ。困ったものだね。でも、やっぱり頑張って働かなくては、と私は、いつも自分自身に言い聞かせているんだよ」

頭ごなしに叱りつけては、かえって逆効果となることもあるのです。

特に最近の若い人たちは忍耐力がないと聞きますし、強く怒ると、ますますやる気を失ってしまい、すぐに会社を辞めてしまう人も多いようです。

そのような人たちを叱る、一つのテクニックとして、孔子の方法は効果的なのではないでしょうか。他人の至らなさを批判するのは、ある意味、たやすいことなのです。**自分の至らなさを自己批判しながら、他人に、その人の至らなさをも自覚させる。これこそが高度なテクニック**です。

#025

「ありのままの自分」で、人の尊敬が集まってくる人間になろう

それを知《し》るを知《し》るとなし、知《し》らざるを知《し》らずとなす。これ知《し》れるなり。

▼知っていることと、知らないことをきちんと区別できること。知らないことは知らないと、正直に人に言うことができること。これが真の〝知〟というものなのだ。

よく「知ったかぶり」などと言います。

大して知らないことを、いかにもよく知っているように、人に自慢することです。

この「知ったかぶりをする人」は、とうてい人の尊敬を集めることなどできません。

いくらうまく「知っているようなフリ」をすることができたとしても、そんな浅はかな嘘はいつかはバレてしまうからです。

このような人は、やがて誰からも信頼されなくなってしまうでしょう。

人が「知ったかぶり」をしたくなるというのは、どのような時なのでしょうか。

それは恐らく、就職の面接試験、取引先との商談、上司から何かを質問された時……

このような場合ではないでしょうか。

このような時、人の心は、「よく思われたい」という意識にとらわれていることが多いのです。

面接官によく思われて、ぜひこの会社に就職したい。

取引先によく思われて、なんとか商談を成立させたい。

上司によく思われて、出世の階段を昇りたい。

もちろん「よく思われたい」という気持ちは、よりよい人生を築くための向上心にもつながります。

一概に「悪い心」であるとはいえないのです。

しかし、ときに悪い状況になることもあります。それが、この「知ったかぶり」ということでしょう。

「そのことなら、よく存じております。私は、その分野を得意としていますから、ぜひお任せを」という言葉がもし、単なる「知ったかぶり」の、出任せの言葉であると相手に見抜かれてしまったら、その瞬間から、その人の信用は失墜してしまうでしょう。

本来の「ありのままの自分」でもって、人の好意や尊敬が集まってくる人。そのような人間を目指すとよいと思います。

#026

すぐれた人は、「見た目」と「精神」がバランスよく保たれている

質《しつ》文《ぶん》に勝《か》てば則《すなわ》ち野《や》。文《ぶん》質《しつ》に勝《か》てば則《すなわ》ち史《し》。文質彬彬《ぶんしつひんぴん》として、然《しか》るのち君子《くんし》。

▼内面的にいくら誠実であっても、たとえば身だしなみが汚い人は田舎者である。身だしなみはきちんとしているが非常に卑しい心根を持った人もいる。真にすぐれた人は外面、内面のバランスがほどよくとれている人なのである。

「文」は、その人の「外面的な様子」を表します。「質」は反対に、その人の「内面」のことです。

見出しの言葉は「内面的にいくら誠実で立派な考え方を持っている人であっても、たとえば身だしなみが汚かったり、ぞんざいな言葉づかいをする人は、野暮ったい田舎者である。身だしなみはきちんとしていて、言葉づかいもていねいだが、内面的には非常に卑しい心根を持った人もいる。しかし、これもまた考えものだ。やはり尊敬に値するような人物ではない。都合のいいことばかり言う下っ端役人のようなものである。真にすぐれた人というのは、外面的にも申し分なく、また内面的にも立派な人である」というものです。

孔子は、「田舎者」「下っ端役人」などという具体的な例を出しながら、「内面」「外面」がアンバランスな人について述べているのですが、考えてみれば、このような人は私たちの周囲にも見受けられるのではないでしょうか。

たとえば会社で、営業を担当している人です。もちろん営業を担当している人たちすべてがそうではありません。しかし人によっては、身なり服装は立派なものを着ていて、また言葉づかいなどもていねいなのにもかかわらず、内面的に見れば、ちょっと足りないところが多いんじゃないかしら……と思えるような人もいます。

このような人には、多少突っ込んだ質問でもしてみれば、すぐにわかることです。「えーと、そのー、ちょっとよくわからないんですが」などと、すぐに勉強不足の一面を露呈してしまうものです。

反対に、技術系事務系の人にも、仕事においてはすぐれた能力と知識は持ちながら、態度や言葉づかいに関しては、どう見てもほめられない人がいるものです。

いずれにせよ、**将来もし人の上に立つような役職を得たいと思うのであれば、やはり「文質彬彬」、つまり内面外面双方ともにすぐれた人物を目指すべき**だと思います。およそ、すぐれた人物には、孔子が言う通り、内面外面のバランスの取れた人が多いからです。

#027
功績を自慢すれば、かえって人から見下される

孟之反《もうしはん》伐《ほこ》らず、奔《はし》りて殿《でん》す。将《まさ》に門《もん》に入《はい》らんとす。その馬《うま》に策《むち》打《う》ちて曰《いわ》く、敢《あえ》て後《おく》れたるにあらず、馬《うま》進《すす》まざるなり。

▼孟之反は自分から進んで〝しんがり〟を務めたわけではないのだよ。乗っていた馬の足が遅くて、お尻を叩いても急ごうとしなかったのだ。だからはからずも〝しんがり〟になったのだ。

「孟子反」という武将がいました。

豪勇な武将として知られていたのですが、また非常に謙虚な人でもありました。

昔、ある国を攻めた時に、敵の反撃が激しくて、どうしても退却しなければならなくなりました。

その時に、敵の追撃をかわすために味方の最後尾に立ち、味方が安全な場所に退くまで敵と闘い続けたのが、この「孟子反」という人であったのです。

つまり「殿《しんがり》」という役目です。

これは、言わば自分が敵の「おとり」になって、味方の人たちの安全を図るという、とても危険な役割です。

勇気がある人でなければ務められません。

ところで、この「孟子反」が、無事にこの「しんがり」の役目を果たして、味方のもとへ帰還した際に述べたというのが、この見出しの言葉なのです。

「しんがり」の役目に成功したことは、当然、「どんなもんだ。オレは、すごいだろう」と自慢してもいい話なのです。

しかし、この「孟子反」という人は、「馬の足が遅かったから」と言って自慢しませんでした。

これが、この人の、「謙虚な性格」であったのです。

このような謙虚さは、孔子の「仁」という思想にかなっているものです。

確かに、**人の自慢話というのが、私たちの気持ちをうんざりさせる**ものです。

とくに居酒屋で、職場の上司などが始める、「オレの若い頃にはなあ……」などという自慢話は、聞いていてイヤになってしまうものです。

本人は、自慢話をすれば、人から尊敬されると思っているのでしょうが、実際にはまったく反対なのです。「課長の自慢話には、つき合いきれないよ」と、かえって見下されるだけなのです。

#028

「補佐役」には、どのような人が適しているか

澹台滅明《せんだいめつめい》なる者《もの》あり。行《ゆ》くに径《こみち》に由《よ》らず、公事《こうじ》にあらざれば、未《いま》だ嘗《かつ》て偃《えん》の室《しつ》に至《いた》らざるなり。

▼滅明という人間がいます。彼は狭い道を通って近道したりせず、大通りを堂々と行きます。また公の用件以外では、決して私の自室に入ってきたことはありません。だから信頼しているのです。

「偃《えん》」という名前の、孔子の弟子がいました。

この人が武城という都市の長官に任じられて赴任することになった時に、孔子から「あなたの補佐役となるような人は、誰かいますか」と尋ねられました。

それに答えて、「偃」が答えたのが、次の言葉です。

「滅明という人間がいます。この男は非常に信頼に足る男です。彼は正々堂々とした男で、道を行く時には、狭い道を通って近道したりせず、大通りを堂々と行きます。また公の用件以外では、決して私の自室に入ってきたことはありません。だから私は、信頼しているのです」

ここで**「補佐官」としては、果たしてどのような人物が適任であるのか**がわかります。

二つあります。

一つには、「**安易な方法に頼らない人**」ということです。「近道をしない」と書いてありますが、これは、「小手先の技巧を弄《ろう》して、うまくやるよりも、不器用であっても正々堂々と王道をいく」というような意味合いです。

よく「苦労人」などという言い方をしますが、いわゆる「補佐役」には、このようなタイプの人のほうが適任なのかもしれません。

もう一つ「**公私の区別がはっきりできる人**」です。

社長でも、部長でも、肩書きに「長」という文字がつく人と、その人の「補佐役」との関係は、ある意味、人間的な情愛を通わせる関係であるよりも、公私の区別がしっかりとして、仕事にかぎった事務的なもののほうがいいのかもしれません。

というのも「長」と「補佐役」は、言いたいことを、心置きなく言い合える関係でなければならないからです。時には、経営者が進もうとしている方向を、あえて反対しなければならない場合もあるでしょう。

そのような「言いにくい言葉」というのは、あまり親密な人間関係ができていると、かえって出なくなるという一面もあるように思われます。従って「公私の区別」をつけることが大切なのです。

#029

正直者は損をするのか、得をするのか

人《ひと》の生《い》けるや直《ちょく》。これを罔《な》くして生《い》けるや、幸《さいわ》いにして免《まぬか》るるなり。

▼人は、正直に生きていかなければならない。それをゆがめても生きているのは、まぐれで助かっているのだ。

「人は、正直に生きていかなければならない」というのが前段の意味です。

しかし後段に関しては、逆説的で多少まわりくどい言い方になっています。

「これをなくして」というのは、「正直さを失って」という意味で、すなわち「人をだましたり、不正を働く」ということです。

「生けるや」というのは、単に「生きる」という意味ではなく、「人をだましたり、不正を働くことによって、お金をもうけたり、贅沢な暮らしをしている人はいる」という意味です。

現実的に、このような思いをしたことはないでしょうか。

「正直に生きなさい」「人をだましてはいけません」「ずるいことをしてはいけません」

……こういうセリフを、親や学校の先生からさんざん聞かされてきたものの、実社会に出ると、意外と「正直者は損をする」ということが多い。出世したり、財産を築く人間は、案外「ずるい人間」が多い……実は、このような社会の現実は、孔子も知っていたのです。

孔子という人は、たんなる「机上論の人」、すなわちたんなる理想主義者ではなかったのです。社会が持つ「汚い一面」「汚れた現実」というものを、しっかりと見据えていたのです。それを知っていたからこそ、この言葉が、逆説的でまわりくどい言い方になってくるのです。

しかし最後に、孔子は言います。

「ずるい人が華やかな生活を送っていることは、確かにあるが」……それは、たまたま「免るるなり」。つまり「たまたま罪をまぬかれているだけのことなのだ。いつか必ず、その人たちの頭上には天罰が下るだろう」。

そして、ここで最初の一文へ帰り、「だから、やはり人生は、正直に生きるのが一番いいのだ」というわけです。

ですから、「ずるいことをして、いい思いをしている人」を羨ましく思い、自分もその人のまねをしようなどとは、ぜったいに考えてはいけないのです。

#030 自分の責任を他人に押しつける人は、不幸な人

已《や》んぬるかな。吾《わ》れ未《いま》だ能《よ》く其《そ》の過《あやま》ちを見《み》て内《うち》に自《みずか》らを訟《せ》むる者《もの》を見《み》ざるなり。

▼ああ、もうイヤになった。私はいまだに過ちを犯して、それを自分の失敗だと認め、まじめに反省する人を見たことがない。

これは、わかりやすく言えば、何か失敗をした時に、素直に、

「申し訳ありませんでした」

と謝罪することができる人があまりいない、ということです。

素直に謝らずに、反省もしない人間が何をするのかというと、それは往々にして、その責任を、「あなたが悪いから、こうなったんだ」と他人のせいにしてしまうことでしょう。

これは子供がよくすることです。

子供がテレビを見ながら、ごはんを食べている。心が上の空になって、誤って茶碗を床に落としてしまう。お母さんは、もちろん怒ります。

しかし子供は、お母さんに叱られると、もちろん悪いのは自分なのですが、「ぼくは悪くないよ。このお茶碗が滑りやすいから、手から滑っちゃったんだ」

と言い訳をします。

いいえ、子供ばかりではないのかもしれません。

仕事の業績が伸びないこと、組織の人間のまとまりがよくないこと、あるいは得意先からのクレーム……このようなことを、本当は自分に責任があるにもかかわらず、世の中が悪い、部下が悪い、上司が悪い、などと、とかく他人のせいばかりにしている人たちは、実際大勢いるのではないでしょうか。

いや大勢いるからこそ、孔子は冒頭の言葉で、それを嘆いているのです。

うまくいかない責任を他人に押しつけたところで、事態は好転することなどありません。むしろ、一層悪い方向へと向かっていくばかりでしょう。

一つの失敗もなしに、私たちはこの人生を生きていくことなどできません。失敗は、誰でもすることなのです。

大切なことは、失敗をした時に、それを他人のせいにするのではなく、しっかりと自分の胸の中で受け止め、まじめに反省し、次に同じ失敗を繰り返さないよう注意することなのです。

column

ひたむきな努力が人の信頼を勝ちとる

・だめな部下でも、部下の力を信頼しよう。
・自分のために働くのではなく、みんなの幸せを願って働こう。
・上司になったら、自分の人間性を磨く努力をしよう。
・末端で働く社員の苦労を、理解できる上司になろう。
・自分の襟元を正さない上司には、誰もついてこない。
・部下を説得する時には、誠意をもって話そう。
・おせっかい上司は、部下をだめにする。
・重要なことを言うのは、一度だけでいい。
・気取るのではなく、ありのままの姿で尊敬を集める上司になろう。
・過去の栄光を自慢するのはやめよう。

第三章

礼儀を重んじ、人を大切にする生き方

#031 自分がしてほしくないことは、人にしてはいけない

己《おのれ》の欲《ほっ》せざる所《ところ》は、人《ひと》に施《ほどこ》すこと勿《なか》れ。

▼自分がしてほしくないこと、自分がやられればイヤだなあと思うようなことは、人にしてはならない。

もっともよく知られた孔子の言葉の一つです。

これは今も昔も、人間関係の「基本」でしょう。

ところで、この言葉は、次のような文脈の中で、孔子の口から語られたものです。

一人の弟子が、「仁とは何ですか」と問います。

それに答えて孔子は、「いったん社会に出れば、様々な人たちと交際していかなければならない。この〝人との交際〟においては、たとえ相手が身分が低い者であっても、身分が高い人間と同じように敬意を払い、たとえ、あなたが人の上に立つ立場になって、多くの人たちを使役するような場合も、格式ある祭典を行う時のように、やはり相手に敬意を払って行わなければいけない」

そして孔子は、冒頭の「己の欲せざる……」という言葉をあげ、「この精神があれば、人から人望を集め、間違っても怨みを買うことなどないだろう」と締めくくるのです。

特に、「身分の高い者」「人の上に立つ者」をたしなめるために、この言葉を言っていることに注意しなければなりません。

というのも、立派な肩書きが身について、立場が偉くなればなるほど、「傲慢な態度」が現れる人がいるからです。

また、そういう人は横柄な態度で威張ったり、平気で人を傷つけるようになるのです。

「この傲慢さが、人から怨みを買う原因になるのだ。反対のことを考えてみればいい。権力を振り回しながら、〝私に反抗したら許さないよ。給料を下げるよ。地方へ左遷するよ〟などと脅すような、〝ひどいこと〟をされたら、誰だって頭にくるものだ。あなただって、そうだろう。ふざけるな、と思うだろう。だったら、あなたの部下に、そのようなことをするのはおやめなさい」

これが「仁とは何か」という弟子の質問に答えて述べられた言葉であるのです。

孔子の学問は、人間関係における、非常に実践的な「道徳」であるとも言えるのです。

#032 人を愛することができないから、その人は不幸になる

己《おのれ》に克《か》って礼《れい》を復《ふ》むを仁《じん》となす。一日《いちじつ》己《おのれ》に克《か》って礼《れい》を復《ふ》めば、天下《てんか》仁《じん》に帰《き》す。仁《じん》をなすは己《おのれ》に由《よ》る。而《しか》して人《ひと》に由《よ》らんやと。

▼我が身を慎んで礼に立ち戻るのが仁ということだ。一日でも身を慎んで礼に立ち戻れば、世界中が仁になつくようになる。仁を行うのは、自分次第だ。人頼みにしても意味がない。

「仁」という言葉は、孔子の思想でもっとも中核を表す言葉なのですが、ここでは、「仁とは果たして何であるのか」が、孔子自身によって語られています。すなわち、

「仁とは、自分自身の我がままさ、弱さに打ち勝って、人への礼儀をわきまえ、人を大切に思い、人のために尽くし、人としての正しい道を生きることである」と。

そして、

「もし、あなたが、この仁という思想に目覚め、たとえ一日であっても、この思想に従って、人として正しく生きれば、周囲の人たちも仁に目覚め、人として正しく生きるようになるだろう。仁の影響力は、とても強いものなのだ」

と孔子は言うのです。

また、「仁という思想は、実は、あなたの心の奥にあるものなのだ。自分の心の中を、よく見てごらんなさい。きっと、そこに仁があることに気づくはずだ。だから、それは本来は、人に教えてもらうようなことではない」と言うのです。

人を愛したい。愛する人のために何かしたい、という気持ちは、とても貴い感情です。そして、この「愛」に従って生きていれば、私たちは、むやみに人と争ったり、いがみ合ったりすることなどないのです。幸福に生きていけるのです。

それにもかかわらず、世の中の人たちは、たえず争い事ばかりを起こしている。それは不幸なことです。「愛」に目覚めていないからです。

「愛」は、誰の心にもある感情です。しかし、それに気づかない人が多いのは、私たちが金銭欲、出世欲など表面的な感情にとらわれて生きているからなのです。もっと自分の心の中を、正直な気持ちになって、見てください。そうすれば必ず、心の中にある「愛」に気づくはずです。

そうしたら「自分の身勝手な欲望を捨てて、人のために尽くす」という生き方を実践してみてください。きっと思いがけない幸福が訪れるでしょう。そして、あなたは幸福で、満ち足りた気分に満たされるでしょう。

これが孔子の「仁という思想」の私なりの解釈です。

#033

「人への思いやり」に欠けたことを、してはいけない

非《ひ》礼《れい》視《み》ること勿《なか》れ。非《ひ》礼《れい》聴《き》くこと勿《なか》れ。
非《ひ》礼《れい》言《い》うこと勿《なか》れ。非《ひ》礼《れい》動《うご》くこと勿《なか》れ。

▼私たちが日常的に行っている言動はすべて礼儀作法にかなっていなければならない。

この言葉は、実は前項の「而して人に由らんやと」に続いて語られる言葉です。「仁」という思想は、どのようなものであるのかを解説しながら、孔子は、「礼」という言葉の意味について言い始めるのです。その文脈から考えると、「礼」という言葉は、たんに「礼儀作法」という意味だけに捉えるのは「狭い解釈」なのかもしれません。

次のような意味合いも含まれているのかもしれません。

よく「ありがた迷惑」などと言います。その人のためを思っていろいろ親切なことをしてあげるのですが、実はその相手にとっては「迷惑」でしかない。「ありがたく」など、全然ない。そのようなケースで、よく言われる言葉です。

親しい友人などとの関係で、同じような経験をしたことはないでしょうか。

友人が困っている様子なので、援助の手を差し延べる。当然友人の喜ぶ顔を期待して

いるのですが、友人は喜ぶどころか、「余計なお世話だよ」などと言い出す。そう言われると、思わずカチンときて、「なんだよ、せっかく親切にしてやっているのに」と言い返してしまう。

なぜ、このような親切心の行き違いが起こってしまうのか。孔子は、この言葉で、それを親切が「非礼」であったためだと言っているように思います。

つまり、「人を大切に思う」「人のために何かをする」ということは、「仁」という考え方に合った良い行いなのですが、その行いが「やり過ぎ」になると、かえって「人間関係のエチケット」を破ることになってよくないことだと孔子は言いたかったのではないでしょうか。

たとえば子供を育てる。子供のためを思い、子供を可愛がる。子供を愛する。一人では何もできない子供の面倒を献身的に見てやる。それは「仁の行い」です。

しかし、あまりに甘やかし、過保護に育ててあげると、子供は我がままな人間に育ってしまう。これは、子供にとっては「ありがた迷惑」、すなわち孔子の言う「礼を逸脱した行い」「非礼」となるのです。「礼儀作法」は、「節度」と言い換えてもいいかもしれません。

#034 人をもてなすには「心」が大切

先進《せんしん》の礼楽《れいがく》における、野人《やじん》なり。後進《こうしん》の礼楽《れいがく》における、君子《くんし》なり。もしこれを用《もち》うるときは、即《すなわ》ち吾《われ》は先進《せんしん》に従《したが》わん。

▼古い時代において、宴会などは野卑なものであった。今は、反対にとても華美である。もてなしを受ける人は、さぞ気持ちいいだろう。しかし私は、むしろ過去のものとなった「下品なもてなし」を好むのである。

「礼楽」は「礼儀作法」と「音楽」という意味ですが、合わせて、「人のもてなし」と捉えてみましょう。

しかし、この言葉の裏側には、孔子の心の「苦い思い」が隠れています。孔子の言わんとしたところの本当の意味は、

「今の人たちは、宴会をただ飾り立てることが〝人のもてなし〟だと考えている。飾り立てることに専念するあまり、〝もてなしの心〟の大切さを見失った。来訪する人に対する暖かい愛情を失った。それに比べれば、昔の人は、下品ではあったが、〝心の大切さ〟を見失ってはいなかった」

という、いわば今の宴会に対する批判精神があるのです。

私も、人から招かれて、ホテルなどで催されるパーティーに出席させてもらうことがあります。

大きなホテルなどで催されるパーティーならば、それは豪華なものです。天井にはシャンデリアが輝き、出される食事も素晴らしいものばかりですし、余興も楽しいものです。

しかし、心のどこかに満足できないものが生まれることがあります。それは主催者側に、「もてなしの心」が足りない時です。

ただ自分たちの自己満足のためだけに催されるパーティー。「どうだ、自分たちは、こんなに儲かっているんだぞ」と、いかにも自慢げなパーティー。

そのようなパーティーは、どんなに豪華であろうとも、あまり気持ちのいいものではありません。

それより、たとえ紅茶一杯の「もてなし」であろうとも、本当に心のこもった「もてなし」であれば、そちらのほうが、よほど招かれる者にとっては気持ちいいのです。

大切なのは、「心」です。「見かけ」でごまかそうとしても、「わかる人」にはわかってしまうものなのです。

#035 「人を大切に思う心」があれば、すべてがうまくいく

仁遠《じんとお》からんかな。我仁《われじん》を欲《ほっ》すれば、ここに仁至《じんいた》る。

▼それほど高尚な思想を言っているわけではない。人を大切に思う心というのは、心から真にそう願えば、自然に身についてくるものなのである。

「仁」とは、一口で言えば、「人を大切に思う心」という意味です。孔子の思想の根幹にある考え方です。

しかし、この言葉には多少の逆説的な意味合いも含まれているように思います。すなわち、私たちは、「人を大切にしなさい」ということはよく言いますし、また、この言葉をよく心得ているように自分では思っているのですが、実際の日常生活の人づき合いの中では、なかなかこの言葉を実践しているとまでは言えません。逆に、「人を大切にしないこと」を、たびたび繰り返します。そのような人間関係の現状を孔子が嘆きながら、この言葉を述べているようにも感じるのです。

「人を大切に思う心」「人を思いやる心」が、生きていくうえでとても大事なことは、

おそらく誰でもわかっていることでしょう。反論する人などいないはずです。しかし、その一方で、ささいなことで人を怒らせてしまった、人間関係がうまくいかなくなったと訴える人が大勢いるのです。

心理カウンセリングをしている私のもとへも、日々、悩みを抱えた様々な人がやってきます。その人たちの悩みのほとんどが、人間関係に関する悩みなのです。「恋人とケンカをした。仲直りしたいのだけれど、どうしたらいいかわからない」「夫婦関係がうまくいかない」「上司に嫌われているように思う。職場に行くのがつらい」など。

人を愛したい、人から愛されたい、という気持ちは十分にあるのですが、それでも人と人との間にしっくりといかないものが生じてしまうのです。

なぜ、そのようになってしまうのでしょうか？

孔子は、それを、「人を大切に思う心」が足りないのだ、と、この言葉で言ってるように感じるのです。

「もっと広い心で人を愛しなさい。そうすれば、好きな人と仲直りするのは簡単なはずです。好きな人と仲直りできないのは、人を愛する気持ちが足りないからです。本心から人を大切に思う心があれば、恋人とも奥さんとも、夫とも、会社の上司ともうまくやっていけるはずです」……孔子は、そう言いたかったのではないでしょうか。

#036 礼儀のある人は、つねに他人の迷惑を考えている

恭《うやうや》しくして礼《れい》なければ則《すなわ》ち労《ろう》す。慎《つつし》んで礼《れい》なければ則《すなわ》ち葸《し》す。勇《ゆう》にして礼《れい》なければ則《すなわ》ち乱《らん》す。直《ちょく》にして礼《れい》なければ則《すなわ》ち絞《こう》す。

▼慎重に行動するにしても、勇敢に物事に挑戦するにしても、心にあることを正直に言葉にするにしても、やはり「礼儀」がなくてはいけない。そうでなければ相手の心を窮屈にしてしまう。

孔子は、人への「礼儀」を、とても重んじる人でした。この言葉にも、そのような孔子の思想が表れています。すなわち、「人をもてなすにしても、心からその人を大切にする気持ちがあふれていなければならない。『礼儀』のないもてなしは、ただ不快なだけである」

また、孔子の「礼儀」とは、単に「人へのもてなしの仕方」にだけ留まるのではありません。

孔子には、「人は一人で生きているのではない。様々な人との〝関係〟の中で生きている」という確信があったように思います。従って、**どのようなことをするにしても、それは多かれ少なかれ他人に影響を与えるものであるのだから、そこには人を大切に思う心、つ**

まり「礼儀」をわきまえていなければならない、というのです。

机の上がいつも散らかっている部下に、「もう少し整理整頓に気を使ったらどうかね」と叱ったところ、「誰かに迷惑をかけているわけじゃないんですから、いいじゃありませんか」と反論されたと嘆いていた上司がいました。

確かに一面では、机の上を整理整頓できないのは、「誰かに迷惑をかける」ことではないかもしれません。しかし、もう少し深く考えてみれば、職場はその人だけのものではないのです。

大勢の人たちが机を寄せ合って働いている、いわば「公共の場」なのです。そのような場所で、身近に、机の上を乱雑にしている人がいたとすれば、周囲の人たちは決して気持ちよくないはずです。

「どうにかならないのかしら」と不快に思うのは当然なのではないでしょうか。それは「人に迷惑をかけている」ことなのです。この辺りの他人への気配りがない人は、やはり孔子に言わせれば、「礼儀」に欠けた人になります。

「自分のとる行為が、他人にどう思われるか配慮しながら生きる」、それが孔子の、生きるうえでの「礼儀」なのです。

#037

「ありがたい」と「ありがた迷惑」の、この違い

君《きみ》に事《つか》えて数々《しばしば》すればここに辱《はず》かしめられ、
朋友《ほうゆう》に数々《しばしば》すればここに疏《うと》んぜらる。

▼尊敬できる人間に誠心誠意仕えること。友人に、心からの友情を捧げること。これは悪いことではないが、人への誠意があまりに限度を越えてしまうと、ただの「ありがた迷惑」になってしまう。

この言葉から思い出されるのは、ドイツの哲学者であったショーペンハウエルの『ヤマアラシの逸話』です。

真冬のある寒い夜のことです。谷底の洞窟で夫婦のヤマアラシが凍《こご》えていました。このままでは寒さに耐え切れず死んでしまうと考えたヤマアラシの夫婦は、お互いの体を寄せ合って少しでも寒さを耐えしのごうとします。

しかしヤマアラシの体には一面に鋭い針が生えているので、近づき過ぎると、相手の体に針の先が刺さってしまうのです。ヤマアラシの夫婦は、体を寄せたり離したりしながら、お互いに体が温まり、しかも針の先が相手の体に刺さることのない、「ほどよい距離」を見つけ出します。

ショーペンハウエルは、**人と人とが円満な関係を保つためにも、このような「ほどよい距離」というものが必要だ**と言ったのです。

お互いに遠く離れ離れになってしまえば、どんなに強い友情や愛情で結ばれている二人であっても、やがて心が冷めていきます。しかし反対に、あまりにべったりと近づき過ぎれば、何かうっとうしいような気持ちにもなって、やはり人間関係はうまくいきません。このショーペンハウエルの思想と、この孔子の語った言葉の意味には、非常に似通ったところがあるように思います。

人への「愛情の示し方」というのは、むずかしいものです。たとえば、誰かの家を訪問する。日頃からお世話になっている人の家であれば、手土産の一つでも持っていかなければと誰でもが思うでしょう。もちろん、その相手も、あなたの手土産に喜んで「ありがとう」と言ってくれるでしょう。「この店のヨウカンが大好物なんだよ」と言ってくれるかもしれません。しかしここで、「そうか、この人は、ヨウカンが大好きなんだ」と思いこんで、毎日のようにその人の家へヨウカンを贈り続ける。これでは、その相手としても、「もう、やめてくれ」と言いたくなってしまうのではないでしょうか。

「ありがたい」と「ありがた迷惑」を、しっかりと見極めることができなければ、人との関係はうまくいかないのです。

#038

思いを「伝える」ために、大切なこと

これをなすこと難《かた》し。
これを言《い》うこと訒《じん》することなきを得《え》んやと。

▼「人を大切に思いなさい」とは、誰もが心得ている思想なのかもしれない。しかし、この「仁」という思想を実践に移し、行いをもって「なす」ことは、なかなか難しいことなのである。

この言葉の「これ」とは、「仁」のことを言っています。

この言葉には、面白いエピソードがあります。

孔子は、弟子の一人に、やはり「仁とは何か」と尋ねられて、この言葉を述べたのですが、孔子にそう尋ねた弟子というのが、いわば「口先だけの人」、孔子の弟子としては、やや軽率なところがあった人だったのです。

頭が良く、理屈を理解するのは早いのですが、一向に実践が伴わない人。厳しくいさめると、なんだかんだと言い訳をして、うまく切り抜けてしまうような人。そのような弟子であったのです。

その弟子から、「仁とは何か」と聞かれて、孔子は答えたのです。

「いいですか。**〝仁〟とは、実践の思想なのです。人を大切にしなさい、という考え方を、言葉だけで理解しても何の意味もないのです。苦しんでいる人を助けたり、悲しんでいる人を慰めたり、そのような行動が伴わなければ意味がない〝思想〟なのです。**だから、ここで、あなたの問いに答えるのはやめましょう」と。

確かに、心の中で「思っている」だけでは、何も現実のものにはなりません。

たとえば、「好きな人」がいるとしましょう。その人と「結婚したい」と考えています。しかし、その思いを心の中に秘めているだけでは、その思いは、相手には伝わりません。自分の思いを相手に伝えるためには、相手に、「好きです。結婚してください」と言わなければなりません。

それだけでは足りないかもしれません。何通も手紙を書いたり、花をプレゼントしたり、デートに誘ったり、そのような行動が伴って、初めて思いは相手に伝わっていくものなのです。

これが「実践する」ということなのです。

孔子の「仁」という思想も同じことなのです。それは、現実に、自分の身近にいる人を「大切にする」という行為によって、初めて実現できるものなのです。

#039

組織の調和を乱す、「えこひいき」上司

君子《くんし》は周《あまね》うして比《ひ》せず、小人《しょうじん》は比《ひ》して周《あまね》うせず。

▼賢い人は調和を重んじ、誰かれと差別することなく、万人に親切と尊敬の念をもって接する。しかし愚かな人は、自分の利益だけを思い求めることに熱心で、そのために人との調和を乱すことがある。

「周う」とは、「周囲の人と協調する」という意味です。

あるアンケート調査によれば、部下からもっとも嫌われる上司は、「えこひいきをする上司」なのです。

たとえ同じような業績を残した二人の部下であっても、一人の部下には、「よくやったなあ」とねぎらいの言葉をかけ、もう一人の部下には、「君は、まだまだだなあ。努力が足りないんじゃないか」などという言い方をします。

なぜ、そのようなことをするのかと言えば、人間的な好き嫌いを表に出すその上司の性格もあるでしょうし、社内の派閥争いなどが影響しているのかもしれません。

このような「えこひいき」というものは、組織の秩序を乱すものです。

「ひいき」されている人は、尊大な気持ちになって、自分のわがままを仕事に持ち込むようになるでしょう。

「ひいきされていない人」は、もちろん上司や、その上司から「ひいきされている人」に対して悪い感情を抱き、陰でこそこそ悪口を言いふらすことになるでしょう。

このような組織が、組織として発展的に前進していくとは、とても思えません。

当然のことですが、人の上に立つ人というのは、誰に対してであっても「えこひいきすることなく、平等に接する精神を持っていなければならないのです。

しかし考えてみれば、すべての人に対して「平等である」ということは、考え方としてはわかるものの、それを実践することは簡単ではないようです。

誰にでも、好き嫌いがあるからです。自分が、「私、あの人好きだなあ」と思っている相手には、人はやさしい対応をするものです。一方、「あの人とは、なんだかつき合いにくそうだなあ」と思っている相手とは、たとえ悪気はないにせよ、何かと冷たくあしらうような態度をしてしまうものでしょう。

職場のような、言わば「公共の場」においては、やはりそのような「私情」は捨てるべきなのでしょう。また、捨てることができる人が、上司として尊敬される人物になるのです。

#040

尊敬に価しない人に媚びへつらうのは、勇気のない人がやること

その鬼《き》にあらずしてこれを祭《まつ》るは、諂《へつら》うなり。義《ぎ》を見《み》て為《な》さざるは、勇《ゆう》なきなり。

▼祭るべきでないものを祭るのは、へつらいというものだ。また、本当に祭るべきものを見て、あえて祭らないのは　勇気のない人間がすることである。

「媚《こ》び、へつらう」と言います。

人に気に入られようと、調子のいいことを言う。お世辞を言ったり、何かをやったりする、そのようなことです。

そのような行為を、孔子は、この言葉でいさめているのです。

簡単に言えば、**人への「媚び、へつらい」など、やめなさい**、と言っているのです。

なぜでしょうか。「媚び、へつらい」には、自分の利己的な意識が隠れているからです。

「この相手に気に入られれば、自分の出世が早そうだぞ」「この相手と仲良くしておけば、今後何かと得になりそうだ」

しかし、自分が本心から、「この相手」と仲良くなりたいのか、親しい間柄になりた

いのか、と言えば、そうではありません。そうしたほうが「出世が早い」「得だ」という、言わば「打算」があるだけなのです。

「この相手」というのはおそらく、社会的地位が高い人であったり、お金をたくさん持っている人なのでしょう。しかし、偉い人でお金持ちであっても、人間性という観点から見れば、全ての人が人格者と言えるような人ではないのです。

そのような、本来は「あんな人と友だちになんてなりたくない」という相手であっても、地位やお金を目当てにして近づいていくこと、おべっかやお世辞を言うこと……それが「打算」なのであり、孔子がこの言葉でいさめる「媚び、へつらい」なのです。

このような人間関係には、信頼もなければ、友情もありません。その相手が地位や財産を失えば、たちまち離れ離れになってしまう関係であるからです。

また孔子は、「真に尊敬すべき人間を尊敬しないのは、勇気のない人間のすることだ」とも言います。たとえば出世競争から、英知のある尊敬すべきライバルの悪口を言い立てて、その人の評判をおとしめようとする。そのような行為も、また自分の利己心からの行為であり、「勇気のない人間」のすることなのだ、と孔子は言います。

このような「利己的な人間」は、幸福な人生を送ることはできません。

#041

叱るべき時は叱り、ほめるべき時はほめる

ただ仁者《じんしゃ》のみ、能《よ》く人《ひと》を好《よみ》し、能《よ》く人《ひと》を悪《にく》む。

▼人格者は、たしかに人を深く愛する気持ちを持っている。しかし同時にまた、人を憎む人でもある。

人格者とは、人への深い愛情と思いやりの気持ちにあふれた人のことを言います。しかし、それでは、いっさい人を憎んではいけないのか？　すべての人を愛さなければいけないのか？　孔子は、この問いに答えて、

「その人が、間違った方向へ、非難されるべき方向へ進もうとしている時は、情け容赦なくその人を憎み、また叱責してもかまわないのだ」

と言うのです。

このような話を聞きながら、ふと、本田宗一郎さんのことが思い浮かびました。自動車のホンダの創業者であった人です。

本田さんの豪放磊落《ごうほうらいらく》な性格はつとに知られていますが、本田さんは、社員が仕事に失敗したりすると、声を荒げて、「何をやってるんだ、ばかやろう！」と怒鳴り飛ばした

と言います。

それだけ仕事に対しては厳しい人だったのです。ですから、仕事の失敗、とくにやる気を失った社員の失敗は許せなかったのです。

そんな気の荒い一面もあった本田さんですが、しかし、多くの社員から慕われる存在でもありました。本田さんは社員から、親しみをこめて「オヤジ」と呼ばれていたそうです。

それはなぜかと言えば、本田さんは、「公平な人」であったからではないかと思うのです。本田さんは、叱るべき理由がある時は、とことん叱りました。しかし、人間的な好き嫌いから、また「えこひいき」的な気持ちから、人を叱ったことは一度もなかったそうです。

また、その社員が、いい働きをした時は、「よくやったぞ、さすがだな」と心からほめることも忘れない人だったのです。

ほめる時はほめ、叱る時は叱る……このようなメリハリがあったからこそ、社員たちから嫌われることがなかったのでしょう。

人が間違った方向へ進もうとしている時、それを叱る。そのことは、やはりその人への愛情があってこそ、と思うのです。

#042

人の「過ち」には、その人の性格が現れる

人《ひと》の過《あやま》ちや、おのおのその党《とう》においてす。過《あやま》ちを観《み》てここに仁《じん》を知《し》る。

▼人の犯す過ちには、その人の性格が現れるものだ。したがって過ちを見れば、その人が〝仁〟について、どのような考え方をしているかもわかる。

たとえば、「そそっかしい人」というのは、「うっかりミス」をしやすい。「慎重な人」というのは時に優柔不断となって、決断をすることができず、好機を逸することが多い。「信念が強い人」は時にがんこ者となって、柔軟な発想ができなくなる。このように「過ち」には、その人の性格が出るものなのです。そして後段において、「したがって過ちを見れば、その人が〝仁〟について、どのような考え方をしているかもわかるのだ」と孔子は言います。

「仁」とは、「仁愛」、すなわち「人を大切にする」「人にやさしい愛情を示す」という意味ですが、このような人の犯しやすい「過ち」とは、どのようなものなのでしょうか。

ある人のことを、お話したいと思います。

その人は人情に厚い人でした。ある会社の部長を務めていたのですが、ある時、部下が不祥事を起こしました。会社のお金を私的な目的で流用してしまったのです。

これは犯罪でもありますし、もちろん懲戒解雇は免れなかったのですが、この部長は、部下をかばって、「彼はまだ若いし、将来がある。悪いことをしたことには違いないが、どうにか事を荒立てずに穏便に済ますことはできないか」と社長に直訴したのです。

この直訴が通って、部下は警察にも通報されず、会社は退職したものの、懲戒解雇という汚名は免れました。ただ、それに伴って、部長自身も、会社を辞めざるを得なくなりました。悪いことをした部下をかばわなければ、その部長自身、会社を辞めなければならないことにはならなかったでしょう。しかし人情家の部長には、そのようなことはできなかったのです。

これなどは、「仁」を心得た人が犯しやすい誤りの、典型的な例なのではないでしょうか。しかし、このような**「人情の厚さ」から出る過ちは、その人を決して後悔させるものではない**ようです。事実、その部長自身、その後、「私は、間違ったことをしたとは思っていません」と胸を張っていたのを、私は知っています。

「仁」から出る過ちは、決して「過ち」ではないのです。孔子も実は、そう考えていたのではないでしょうか。

#043

無理なことを追い求めなくてもいい。「ほどほど」でいいのだ

子《し》四《よつ》を絶《た》つ。意《い》なく、必《ひつ》なく、固《こ》なく、我《われ》なく。

▼孔子は四つのことを絶った。勝手な心を持たず、無理強いをせず、執着をせず、我を張らない。

まず、それぞれの語句の意味ですが、「意」は「身勝手な心」「わがまま」という意味です。「必」は「人への無理強い」。「固」は「執着心」。「我」は「我執」「いこじ」。

この言葉で注意をしなければならないのは、「身勝手な心を捨てる」「人へ無理強いしない」「執着しない」「いこじにならない」という教義を、**全て「絶つ」必要はない**ということです。

この言葉の意味は「それはそれで正しいことなのですが、あまり無理して、そのような教義に固執しなくてもいいのですよ。時には多少わがままになってもいいのです。多少ならば、人に無理強いしたり、執着したり、いこじになってもいいのです」ということです。

孔子という人は、深い意味で、また真実の意味で、人間というものを見抜いている人

だったのです。それが、この言葉によく表れているのではないでしょうか。

たとえば、「わがまま」なことをしてはいけないと、確かに孔子は言っています。「仁」という教義を熱心に説き、「自分を捨てて、人を大切に思いなさい」とも言います。

しかし人間である以上、「わがまま」の一切を捨て去ることなど不可能だろう。そうであるならば、不可能なことを追い求めることも、また不可能なことである。だから、多少は、「わがまま」してもいいのですよ、とも孔子は述べるのです。

孔子は柔軟な発想ができる人でした。そして、自分に正直に生きた人でもあったのです。「酒は百薬の長だ」と言う人もいます。しかし飲み過ぎると健康を害する。それと同じことなのかもしれません。人のために良いと思われる様々な教義も、あまりに「飲み過ぎる」と、かえって、その人のためにならないのです。ほどほどのところ、でいいのです。それがもっとも人生のためにいいのです。

「絶対にこうしてはならない」という教義で自分自身をがんじがらめにしてしまうと、かえって息苦しくなってやり切れない。ある意味、少しの「ゆとり」を与えてあげるほうが健康的に、幸福な気持ちで生きていくことができる、そう孔子は言っているのです。

これも孔子の、人に対する「やさしさ」の表れなのでしょう。

#044

少数派の意見を無視すれば、将来の発展はない

異端《いたん》を攻《おさ》むるは、これ害《がい》のみ。

▼自分と異なった意見を無視するのは、ただ害があるだけだ。

「異端」とは、「少数者」「マイノリティ」という意味です。

どのような時代であっても、どのような組織であっても、「少数者」というのはとかく迫害を受けるものなのかもしれません。

たとえば、ある会社で会議が行われています。

大多数の出席者が、

「今は景気が悪いことでもあるし、新規事業に手を伸ばすのはやめておこう。このような時には予算をなるべく削減して、守りの姿勢に徹したほうがいい」

という意見でまとまっているとします。

しかし、そのうちの一人が、大多数の意見に公然と反旗をひるがえしたとします。

「違います。不景気の今だからこそ、新規事業に打って出るべきなのです。なぜなら多

くのライバル会社も、今は新規事業へは腰の退けた態度を示しているでしょう。だからこそ、このときに打って出れば、ライバル会社に大きな差をつけることもできるのです」

「不景気のこの時代」に、果たして「新規事業に打って出る」のが、正しいことなのかどうかという問題は別にして、このような**少数者の意見というのは、おしなべて大多数の意見に圧倒され、無視されて終わる**ものです。

「あの人は一体、何を考えているんだろうね。もっと真剣に考えてほしいものだ。もう笑っちゃうよ」などと、周囲の人から白い目で見られ、隅へ追いやられてしまうのです。

しかし孔子は、「そのような少数者の意見を、けっして無視したりばかにしてはいけません」と言っています。また、この孔子の意見を裏付けるような、経営心理学の研究も現在進められているのです。心理学者たちによれば、「企業の変革」というのは往々にして、「少数者の意見」が引き金となって巻き起こるそうです。

「大多数の意見」というのは、言ってみれば、現状維持、保守的な意見が多いのです。しかし時代の流れの大きな変化に伴って、企業にも変革が必要となったとき、その企業を引っ張っていくリーダーには、多数派の人よりも、むしろ少数派の人のほうが力強い牽引役《けんいんやく》として適しているというのです。

#045 真に「強い人」は、人のために何かをすることができる

棖《とう》や慾《よく》なり。焉《いずく》んぞ剛《ごう》なることを得《え》ん。

▼棖は堅剛な人間ではない。なぜなら棖には欲があるからだ。

孔子が弟子の一人に、「自分はいまだかつて、堅剛なる者を見たことがない」と言います。「堅剛」とは言葉通り「強くて固い」という意味でしょうが、ここでは精神的な意味での「意志が強い」ということです。

それはともかく、その孔子の言葉に、弟子が「○はどうですか。私の見るところ○はなかなか堅剛な人間であると思えますが」と言葉を返します。

それに孔子が答えたのが、冒頭の言葉です。

ここで言う「欲」とは、「利己心」と言い換えてもいいかもしれません。

まったくの利己心のためにお金を得ようとする人、利己心のためだけに高い地位に就こうとする人……そのような人間は、たとえ外見的には「強い人」であったとしても、実は精神的に未成熟な部分を残した「弱い人」だと孔子は言うのです。

自分の利己心だけで莫大な財産を得て、高い地位に上り詰めた人は、私たちの住む世の中に実際に多く存在します。

彼らは往々にして派手な身なりをするのが好きで、またお金や権力の力によって、人を奴隷のように扱ったりします。しかし、このような人たちが、ちょっとしたアクシデントに見舞われて、あっけなく没落してしまうという事例は世間にはよくあることです。

まさに孔子が指摘するように、精神的に「弱い」一面があるからなのでしょう。

真に「精神的に強い人」というのは、財産や権力がなくとも、多くの人から慕われ、また尊敬されるのです。信念があり、目指すべき夢があり、その夢のために日夜誠意をもって努力する人でもあるのです。

それが「強さ」なのです。

また、たとえば幸運に恵まれて、多額の財産を手にすることができたとしても、それを利己的な虚栄心のために使うのではなく、むしろ周囲にいる多くの人の幸福を願ってお金を使うことができる人が、「強い人」なのではないでしょうか。

「強い人」は、自分のためだけに生きる人なのではありません。人のために生きることができてこそ、「強い人」なのです。

#046

相性が合わない相手とも、仲良く生きるコツ

諾《だく》。吾《わ》れ将《まさ》に仕《つか》えんとす。

▼承知した。御奉仕しよう。

これは、ある理念を述べた言葉ではありません。あるエピソードの中の一節です。陽虎という人がいました。当時孔子が居を構えていた魯《ろ》という国の為政者です。陽虎は、ある時孔子の名声を聞き及び、ぜひ孔子に会いたいと思います。しかし孔子は、陽虎には会おうとはしませんでした。

孔子は、この陽虎という人を、人間的にはあまり好きではなかったようです。その理由ははっきりとはしませんが、恐らく「仁」の精神に欠けた、欲の強い人であったのでしょう。

しかし、陽虎は、どうしても孔子に会いたくてしょうがありません。そこで孔子に豚《ぶた》を一頭送り届けます。そうすれば孔子が、お礼を言うために自分のところへ来るに違いないと思ったのです。しかし孔子は陽虎の留守の時を見計らって、陽虎の家へお礼にい

きます。そこまでして、陽虎と顔を合わすことを避けた孔子だったのですが、不幸にもお礼にいったその帰り道で陽虎にばったりと出くわしてしまうのです。

　陽虎は孔子に言いました。

「今、この国は戦乱で乱れています。この国をこのままにしておいていいと思いますか。あなたは、この私に仕えて、私の助言者となるべきです」

　この言葉に、孔子が返した言葉が、冒頭の一節です。

　孔子は、相手が大嫌いな相手であったにもかかわらず、「承知しました。ご奉公いたしましょう」と答えます。ここが、このエピソードの面白いところなのです。

　性格的に合わない相手とは、私たちは、言い争いをしたり罵倒し合ったりしがちです。しかし孔子は、そのような争い事は起こしたくなかったのでしょう。ですから、このような答え方になったのです。人格者は、やはり無益な争い事は避けるものなのです。

　しかし実際に、孔子は、この陽虎に仕えたわけではありません。

　この言葉の裏には、「天下国家のためには身を惜しみません。しかし、あなたに個人的に仕えるつもりはありません」という孔子の本当の気持ちが隠されているのです。たとえば職場に、ウマの合わない上司がいたとしても、この孔子のような気持ちでつき合ったらいかがでしょうか。

column

マナーをわきまえ、思いやりをもとう

・自分がしてほしくないことは、人にはしない。
・愛されたいと思うのではなく、人を愛する喜びを知ろう。
・他人の迷惑になることは、やめよう。
・「もてなし」の心で、人には接しよう。
・善行もやり過ぎると、「ありがた迷惑」になることを知っておこう。
・自分の思いを人に伝えるには、まず相手の立場になってみよう。
・人に媚《こ》びへつらうのはやめよう。
・しょせん無理なことを追い求めるのはやめよう。
・少数派の意見を無視するのはやめよう。

第四章

身近にいる人を愛する生き方

#047

長い道のりを歩き通すために、まず心身を鍛えよ

父母《ちちはは》は、ただその病《やまい》をこれ憂《うれ》う。

▼両親の心身をまず大切に思いなさい。両親が病気にならないよう気を使ってあげなさい。

弟子の一人に、「どうしたら親孝行ができますか」と問われて、孔子が答えたのが、この言葉です。この言葉には本来の意味の他にもう一つの意味が隠されているように思われます。

それは、その弟子自身の心がけに関する問題です。

「あなた自身も、病気にならないよう健康に留意しなければなりません。親にとって、子供が健やかに成長してくれるほど、うれしいものはないのです。ですから、あなた自身が病気せず健康であることが、親孝行になるのです」ということです。

「健康であること」というのは、生きていくうえでとても大切なことです。もし、事業か何かで出世を夢見ている人であれば、まず第一に、「健康な体」を作ることを考える必要があると思います。

不健康な生活を繰り返し、心身を病んでしまうような人には、およそ成功は望めないでしょう。なぜなら、その不健康な人というのは、何をやっても「長続き」しないからです。

特殊な才能をもって、一時期、世間から脚光を浴びるような活躍をすることはあるかもしれません。しかし、それはほんの「一時期の出来事」に過ぎないのです。

恵まれた才能を持ちながら、また一時期は周囲の人たちをあっと驚かせるような輝きを見せながら、その後、酒に溺れたり、不摂生な生活のために、落ちぶれていった人たちがいます。そのような人たちの末路はみじめなものです。活躍している頃は、みんなからチヤホヤもされますが、落ちぶれてしまえば誰からも見向きもされなくなります。

人生も、事業も、そして仕事も、長い長い道のりなのです。それを耐え抜くだけの体力を養わなければなりません。

ある事業家は、「成功するのは、そう難しいことではない。むしろ難しいのは、成功をいかに持続させるかだ」と言っていました。

まさに、その通りだと思います。そして、「成功の持続」のために、もっとも大切になるのが「心身の健康」なのではないでしょうか。

#048 部下を尊敬できない上司は、良い上司ではない

今《いま》の孝《こう》なる者《もの》は、能《よ》く養《やしな》うことを謂《い》う。犬馬《いぬうま》に至《いた》るまで、皆能《みなよ》く養《やしな》うことあり。敬《けい》せざれば何《なに》を以《もっ》てか別《わか》たんや。

▼今の人たちは、孝行というものを、単に衣食をあたえて養うことだと考えている。しかし、食べ物を与えて養うなど、犬や牛の親子でもやっていることだ。真の孝行とはその人を尊敬し、大切に思うことだ。

これも、前項と同様に、「孝行」について孔子が語った言葉です。

孔子は、人としての「心のあり方」を強調しているのです。

ここでは「上司と部下」、あるいは「経営者と社員」という形で考えてみましょう。

上司の役割とは何でしょう。経営者の役割とは何でしょうか。それは、部下や社員を「養う」、つまり指導管理することには違いないのですが、問題はその「養い方」にあるのです。

ただ単純に、部下に仕事の手順を教えて命令していれば、自分の役割を果たしている、と考えている上司はいないでしょうか。社員には、ただ生活できるだけの給料を支払っていればそれで十分だ、と考えている経営者はいないでしょうか。もし、そのような人

がいるとしたら、考え直す必要があると思います。
部下や社員は犬や馬とは違うのです。人は、人間としての「生きがい」「働きがい」を求めながら生きているのです。人の上に立つ者がまず心がけなければならないことは、部下や社員の、この「生きがい」「働きがい」を満足させてあげることです。ただ命令を下して給料を支払っているだけでは、「生きがい」「働きがい」を満足させることはできません。

では、どうすればいいのでしょうか？

私は、部下や社員の「自主性」を重んじてあげることが大切だと思います。

彼らは必ず、「私なら、こうやりたい」「自分は、このようなことにチャレンジしたい」という夢や野心を持っているはずです。人の上に立つ者は、部下や社員が自分の夢や野心に向かって心置きなく邁進できる環境を整えてあげることに、まず心をくだくべきでしょう。

これには、自分の下にいる者を「敬《けい》する」、つまり大切に思う「心」が必要になるのです。

人と人とは、「心」で信頼し合うものなのです。

#049

身近な人を大切に思える人は、幸福な人となる

信《しん》義《ぎ》に近《ちか》づけば、言《こと》復《ふ》むべきなり。恭《きょう》礼《れい》に近《ちか》づけば、恥《ち》辱《じょく》に遠《とお》ざかるなり。因《いん》もその親《しん》を失《うしな》わざれば、また宗《そう》とすべきなり。

▼お互いに信頼があれば、約束は果たされる。お互いに適切な礼節を尊重してつき合っていれば、侮辱し合うようなことは起こらない。人として尊重する気持ちをもって接すれば、幸福はもたらされる。

これは弟子の有子《ゆうし》という人の言葉です。

「言復む」とは、「約束を守る」ということです。

三段落目の「因」とは、「家族」の意味です。

このように、この言葉は全体的に見ると、「人と人との接し方」、その「マナー」について述べられているのです。

とくに「身近にいる人」とのつき合い方に、主眼が置かれているように思われます。

これは私たちも日常的に経験することなのですが、友人や妻子、また夫、そのような身近な人に対しては、つい気がゆるんで、また相手に対する甘え心があって、ぞんざいな口のきき方をしたり、一度交わした約束を平気で破ったりするものです。

たとえば、誰かからお金を借りる必要が出てきた場合です。

そのような時に、借金の依頼ができるのは、もちろん自分にとって「身近にいる人」でしょう。見ず知らずの他人に、「お金を貸してくれませんか」などとお願いできるわけがありません。

さて「身近な人」からお金を借りて、そのお金を返さなければならない期日が迫ります。そのような時に、お金を借りた相手が「身近な人」であれば、つい私たちは、「まあ、もうちょっと待ってもらおう」とか、「両親から借りたお金なのだから、返さなくても問題は起こらないだろう」などと考えてしまいがちです。つい「甘え心」が出てきてしまうのです。

しかしこの言葉は、**「身近な人」だからこそ、このような「甘え心」が出てこないよう注意しなければならない**と説いているのです。

「身近な人」を尊重し大切にできない人は、人間として大成できない。だから「身近な人」を相手にしてこそ、「人間関係のマナー」を大切にしよう。

そう有子は言っているのです。

#050

あらゆる組織は、「忠恕」の精神によって栄える

夫子《ふうし》の道《みち》は、忠恕《ちゅうじょ》のみ。

▼先生の道はただ真心あるのみです

これは孔子の弟子の言葉です。いわく、「孔子先生の教えるところの基本は、ただ忠恕にあるのだ」「忠」は、「忠義」の「忠」です。「人のために献身的に仕える」という意味です。「恕」は、「許す」ということ。「人に対する、大らかな愛情」ということでしょう。すなわち、この「忠恕」の精神が、孔子の「仁」の精神であるというのです。

孔子の『論語』は、今からはるか昔の時代に書かれた書物ですが、この「忠恕」の精神は、現代でもますます重要性を帯びている思想ではないかと思います。

というのも「自分のことしか考えない」「自分さえよければそれでいい」と考える人たちが大多数を占めてきているからです。

これは残念なことです。

言うまでもありませんが、人は、一人で生きているのではありません。家族がいて、

職場の同僚たちがいて、そして上司や部下たちがいる。そのような人たちに囲まれて、またそのような人たちの助けを借りながら生きているのです。

このような「人と人との関係」の中で、わがままなことばかりしていたら、どうなるでしょう。強引に自分の考えを押し通したり、自分の利益ばかりを主張したらどうなるでしょう。

その結果、「人と人との関係」は、あえなく崩壊してしまうでしょう。

「忠恕」、これは、「人の和」を大切にするためにとても重要なことだと思います。

団体スポーツなどでは、野球でもサッカーでも何でもいいのですが、よく「チームワーク」の大切さが言われます。スタンドプレーは、組織の秩序を乱すからです。そして、また、秩序の乱れたチームは勝利をおさめることができません。

企業などでも、同じなのではないでしょうか。「チームワーク」のある企業は、将来的に大きく発展していくものです。しかし個々の社員がばらばらな企業は、いつかは破綻してしまいます。

「人のために役立つ」、そして「人には愛情をもって接する」。この「忠恕」の精神が個々人に養われた組織は、決して滅ぶことはないのです。

#051

家族を大切にできない人間は、人として大成できない

その人《ひと》と為《な》りや孝弟《こうてい》にして、上《かみ》を犯《おか》すことを好《この》む者《もの》は鮮《すく》なし。

▼その人柄が親孝行でありながら、目上の者に好んでさからう者はほとんどいない。

これは孔子の言葉ではありません。

孔子の弟子であった人が言ったことです。

その人の「人と為り」、すなわち「人柄」「人格」といったものは、何によって判断できるのだろう、と問うているのです。

というのも人は、心にもないことをよく口にするからなのです。

たとえば、

「私は、周囲の人たちから、人格者であると認められているのです」

「私は、人には優しい人間なんですよ」

「企業は人なりと言いますが、やはりそうですよね。人を大切にしない人は、成功はしませんね」

このような言葉を、その人が、どれだけ本心から言っているのか？

それを知るには、その人が「家族」を、どれだけ大切にしているかでわかる、と言っているのです。

「孝弟」とは、家族、身近にいる肉親を指します。

「家族」との関係というのは、もっとも基本的な人間関係です。

ですから父母や兄弟、子供を大切にしない人、大切に思えない人というのは、結局は社会に出ても、上司部下の関係、取り引き先との人間関係を円満にやってはいけないというのです。

それが、この言葉の意味なのです。

ある会社の社長は、「家族を大切に思わない人」は、どんなにいい大学を出ていようと、どんなに才能がある人であろうと、絶対に採用しないそうです。

「家族を大切に思わない」と、一時期は華々しい活躍をすることはあっても、いつか人間関係のトラブルを引き起こし、自分をだめにしてしまう社員が多いからなのだそうです。

#052

良き恩人、良き友人に恵まれた人が成功する

魯《ろ》に君子《くんし》なかりせば、斯《こ》れに焉《いずく》にか斯《こ》れを取《と》らんや。

▼仮に魯の国に、子賤が見習うような優れた人物がいなかったら、子賤は誰からも徳を学べなかっただろう。子賤は、優れた人たちと交われたからこそ、自らも有能な人間になることができたのだ。

孔子が、子賤《しせん》という弟子の一人について述べた言葉です。

孔子は言います。「子賤ほど立派な人間はいない。まさに君子と言えよう」

続けて、この項目に掲げた一節がくるのです。

「斯れに焉にか斯れを取らんや」というのは、その当時の中国の古い諺で、

「斯の国の人は、斯の国に生まれ育ったから、あの人は〝斯の国の人〟だと言われるのだ」

というような意味合いです。

多少観念的な言い回しですが、その意味するところを現代風に拡大解釈すると、

「たとえば日本人は働き者であるように、ユダヤ人は商才に長けているように……」

ここで、前段の意味に戻るのですが、

「優れた人というのは、ふだんから優れた人たちと接する機会が多いから、お互いに啓発し合って、優れた人間になっていくのだ」

というものです。

つまり、「人は、いい環境に身を置くことによって、ますます自分を磨いていくものだ」ということです。逆の言い方をすれば、いくら優れた才能を持った人であっても、いい仲間に恵まれず、またいい先生に恵まれない人は、自分の才能を活かすことができないという意味でしょう。

現代でも、成功者、偉人と呼ばれるような人は、若い頃に恩師と呼べるような先生に出会い、また良きライバル、友人に恵まれている人が多いようです。その意味で、彼らは〝いい環境〟に恵まれていたのです。

これはまた、私たちは人との出会い、人との交際を大切にしながら生きていかなければならないということかもしれません。

自分の身近にいる人、たとえば友人、会社の同僚や上司……そのような人たちに敬意をもって接することによって、その人たちの良いところを自分の中に吸収し、自分の人間性をさらに大きなものにすることができるのです。

#053

人に安心され、信頼され、慕われる人は幸福

老者《ろうじゃ》はこれを安《やす》んじ、朋友《ほうゆう》はこれを信《しん》じ、少者《しょうじゃ》はこれを懐《なつ》けん。

▼老人には安心されるように、友人には信頼されるように、若い人たちからは慕われるようになることが、私の志だ。

孔子の横に二人の弟子が並んで座っていました。

孔子は、二人の弟子に、

「どうだね、君たちのそれぞれの志を述べてごらん」

と話しかけます。

すると一人の弟子が、

「私は外出用の馬車や、仕立てのいい外套《がいとう》や衣服を友だちに貸して、たとえぼろぼろになって返ってきたとしても、そのことで腹を立てたり惜しいと思わないような交際をしていきたいと思っております」

と答えます。

もう一人は、「私は良いことを人に自慢したり、多少の善行で人に恩を売るようなことはしないようにしたいと思います」

と答えます。

そこで二人の弟子は、今度は孔子に、

「先生の志は何ですか」

と尋ねるのです。

これに孔子が答えたのが冒頭の言葉です。

ここでの**「志」とは、「人間関係についてのモットー」のこと**でしょう。

多くの人たちが平和に、そして幸福に生きていくためには何をしたらいいのか、どのように考えればいいのか、そういうことを孔子は一生をかけて追求した人であったのです。

先の二人の弟子の「志」も、人間関係を大切にするために重要な心掛けであると言えます。

また、そのような心掛けをモットーとして生きていけば、おのずから孔子の言う冒頭の言葉「老人に安心され、友人に信頼され、若い人から慕われる」という素晴らしい人生を送ることができるでしょう。

#054

人を使うのは、まず信頼を勝ち取ってから

君子《くんし》、信《しん》ぜられて而《しか》して後《のち》に其《そ》の民《たみ》を労《ろう》す。未《いま》だ信《しん》ぜられざれば則《すなわ》ち以《もっ》て己《おのれ》を厲《や》ましむと為《な》す。

▼賢い人は、始めに人民の信頼を得てから、人民を使役する。信頼を得ていないうちから人民を使役しようとすれば、人民は為政者の悪政によって自分たちが苦しめられているとしか思わない。

これは孔子の弟子、子夏《しか》の言葉です。

国家の為政者のあり方について述べられたものですが、およそ組織の中で、人の上に立つ人には共通して通じる真理なのではないでしょうか。

現代の職場においてこの言葉を考えるとすれば、たとえば上司が部下に残業を命じた時です。

その**同じ命令であったとしても、部下から信頼されている上司と、部下から信頼されていない上司では、部下側の命令の受けとり方が違ってくる**ということです。

部下から信頼されている上司の、

「今日は、この仕事が終わるまで家には帰れないぞ」

という言葉には、部下たちはむしろ喜んで、「わかりました。がんばりましょう」という言葉を返すのです。

しかし、部下から信頼されていない上司の命令には、部下は、「えー、やんなっちゃうなあ」

としか思わないのです。

ですから、立場が下にいる者に何かを命じたり、何かに従事させるような時には、まずは自分への信頼を勝ち取ってからにしたほうがいいのです。

自分への信頼があれば、多少きつい苦労を伴うことであっても、周りの人たちはついてきてくれるのです。

ですから、まず信頼を得ておくことが大切だということです。

しかし実際は、職場などで、部下の信頼を得られないまま、とかく部下たちには苦労の多い命令を下す上司が多いようです。

そのような上司は、部下たちに、ますます嫌われていくばかりでしょう。

人の上に立つことは、案外難しいものなのです。

column

周囲の人たちを大切に思って接しよう

・やり遂げるために、まず心身を鍛えよう。
・両親の年齢を覚えておこう。
・目下の人を尊敬できる人間になろう。
・組織は、寛容の精神でまとめよう。
・家庭を大切にできる人となろう。

第五章

とことん信念を貫く生き方

#055

安心できる上司とは、「幅広い見識」と「強い意志」を持つ上司

士《し》は以《もつ》て弘毅《こうき》ならざるべからず。

▼人の上に立つリーダーは、幅広い見識と、強い意志を持たなければならない。

「士」は、人の上に立つリーダー的な存在の意味です。

「弘毅」の「弘」は、幅広い見識、「毅」は強い意志を表す言葉です。

ここで重要な点は、リーダーは、「幅広い見識」と「強い意志」とを、同時にバランスよく持っていなければならない、ということです。

どちらかがあって、どちらかが欠如している、ということではだめなのです。

たとえば「強い意志」はあるが、「幅広い見識」には欠けている、という人がいます。

このような人は、「独断専行」になりがちです。

自分で、こうと決めたら、部下たちが、「考え直したほうが、いいんじゃありませんか」と進言しても、一切聞き入れようとしません。

最後まで、自分の意志を、とことん押し通そうとします。誰が何と言おうと、状況が

どうなろうと、あくまでも自分の意志を貫きます。

確かに、その「意志が強い」ことは称賛されるべきなのかもしれませんが、これでは「石頭」と周囲から非難されても仕方ありません。部下たちからの信望は、とても集まらないでしょう。

また「広い見識」はあるものの、「強い意志」に欠ける人もいます。そのような人は「優柔不断」になりがちです。

幅広い見地から、一つの仕事に対して、「こうしたほうがいい。また別な角度から考えれば、ああする方法もある」という柔軟なものの見方はできるのですが、意志薄弱なために、「よし、これでいこう」という決断を下すことができません。

いつまでも、「こうしたほうが、ああしたほうが」と迷ってばかりいるのです。上司が決断できなければ、部下もまた困ってしまいます。部下だって、どうしたらいいかわかりません。

結局、どちらか一方しか備えていない人は、良い上司とは言えません。

やはり、部下の意見に素直に耳を傾けることができる「幅広い見識」と、ここぞという時には果断に決断する「強い意志」とを同時に持つ上司に、部下は安心してついていくのです。

#056

地位は奪われるが、志を奪う者はいない

三軍《さんぐん》の帥《すい》は奪《うば》うべきなり。

匹夫《ひっぷ》は志《こころざし》を奪《うば》うべからざるなり。

▼大軍の総大将という「地位」は、策略をめぐらしたり権力争いに打ち勝つことによって「奪い取る」ことができる。しかし、人の志は、「奪い取る」ことはできない。

この言葉を読みながら、思い出されることがあります。

ある会社で実際にあった出来事です。

A氏は若い頃から、ずば抜けて能力のある人でした。人柄も良く、多くの人から慕われていました。とくに当時の社長から見込まれて、若いながらも役員に抜擢されるほどでした。

順風満帆に見えた彼の人生でしたが、転機が訪れました。社長が急逝《きゅうせい》したのです。その後、会社では、後継者を誰にするかで派閥争いが勃発しました。不幸にも彼は派閥争いに巻き込まれ、役員を解任されるという憂き目に合ったのです。

結局彼は、その会社を去ることになりました。その後自分の会社を設立したのです。

彼の会社は今、大成功をおさめています。

彼はこう言いました。

「会社の肩書きなんて、何の意味もないんだよ。いつ誰に奪われてしまうかわかったものではない。肩書きを追い求める生き方なんて、つまらないよね。それよりも、自分の夢を追い求める生き方のほうが、よっぽどいい生き方だ。そのほうが楽しいし、やりがいもある」

彼は「夢」と言っていましたが、その意味は、孔子の「志」と同じものでしょう。

地位や肩書きは、確かに、はかないものなのかもしれません。しかし、夢や希望、また志は永遠のものなのです。それは、その人自身があきらめて捨ててしまわないかぎり、誰にもジャマされるものではありません。そして、**その人の人生の幸福、成功を決定づけるのは、社会的な地位でも肩書きの立派さでもなく、いかに自分の夢に向かって正直に生きることができたかどうか、ということではないでしょうか。**

夢や志に向かって懸命に生きている人からは、すがすがしい情熱が感じられるものです。一方肩書きや名誉に振り回されて生きている人は、いつも人の目を気にしているようなオドオドした態度が見受けられるものです。どちらが幸福な人生であるかは言うまでもないでしょう。大切なのは「自分の生き方」を貫くということなのです。

#057

目先の欲にとらわれれば、結局自分が損をする

小利《しょうり》を見《み》れば、則《すなわ》ち大事《だいじ》ならず。

▼小さな利益ばかり追い求めていると、大きなことを成し遂げることができない。

俗な言い方をすれば、「目先の欲にとらわれてはいけませんよ」ということです。目先の欲にとらわれて、大きな利益を逃してしまう、ということは、私たちの人生でもよくあることかもしれません。

よく若い独身女性から「恋愛相談」を受けることがあります。

その中には、このようなことを言う人がいます。「男性から結婚してほしいと言われています。それほど好きな人ではないのですが、大手企業に勤めていて、給料もそこそこいいのです。結婚してもいいかなあ、と思っています」

また、ある女性は、こんなことを言います。「今、つき合っている彼氏は、私の理想から言えば、まったくかけ離れた人なんですけど、ほかに私のことを好きだって言ってくれる人もいないので、がまんしてつき合っているんです。だって彼氏がいないより、

やっぱりいたほうがいいじゃありませんか」

このようなことを聞かされ、残念でなりません。

私は、結婚にしても、恋人を持つにしても、「本当に心から愛する」ことのできる人とつき合ってほしいと思います。

このような人は、この孔子の言葉を借りれば、「目先の欲」にとらわれているに過ぎないのではないでしょうか。こうした恋愛は、後々「後悔」を招くことになるでしょう。目先の欲にとらわれて結婚し、また恋人を作った後になって、本当に結婚したい男性、また理想の男性が現われた時に、彼女たちは必ず「しまった」と思うでしょう。「早まるんじゃなかった」と後悔するでしょう。

後悔をする時には、もう遅いのです。「あなたよりいい人が現れたから別れてよ」などとは言えません。

ですから、やはり「目先の欲」にとらわれるのはやめたほうがいいと思うのです。

自分の気持ちを大切にし、心から愛する人が現れるまでは、ゆっくりとした気持ちで待つことです。決して焦ってはいけないのです。

#058

志を貫くためには、それなりの覚悟が必要となる

富《ふ》にして求《もと》むべくんば、執鞭《しつべん》の士《し》といえども、吾《われ》またこれをなさん。もし求《もと》むべからずんば、吾《わ》が好《この》む所《ところ》に従《したが》わん。

▼富というものを追求してもよいなら、鞭をとる市場の監督のような役目でも私は務めるが、もし追求すべきでないなら、私の好きな生活に向かおう。

「執鞭」とは、ある意味、とても卑しい仕事、取るに足りないような、つまらない、いわゆる「御用聞き」のような仕事のことを言います。孔子は、「そのような卑しい仕事であろうとも、お金を得たいと思うのであれば、自分は何も文句など言わずに従事するだろう」と言っているのです。しかし、「そのような卑しい仕事であっても、もしその仕事で何の収入も得られないのであれば、自分は、自分の好きなことをして一生を終わらせたい」とも、孔子は言います。

若い人から、よく、こんなことを聞きます。学校を卒業して就職したのですが、配属された部署が気に入らない。だから、「どうしたら、いいでしょうか。会社を辞めて、転職したほうがいいでしょうか。ぼくには、もっと他にやりたいことがあるのです」と

相談されるのです。

実際に、仕事への不満から、入社してひと月も経たないうちに転職してしまう若者も多いと聞きます。

上司は、「今の若い人たちは、我慢というものを知らない」と嘆きますが、孔子も、この言葉で同じようなことを言いたかったのかもしれません。孔子は、「つまらなく思えるような仕事であっても、それでお金をいただけるというのは、ありがたいことだ。辛抱強くやりなさい」と言っているのです。しかし、そのつまらない仕事で、思うような収入が得られない時。その時こそは、「自分のやりたいと思うことをやりなさい。それ以外に方法がないじゃありませんか」と言うのです。

孔子はまた、このようなことを言いたかったのかもしれません。

自分が「やりたい」と思っていることに向かって突き進むのは、もちろん尊敬されるべき生き方だ。立派な生き方でもある。しかし、自分の「やりたい」と思っていることをする生き方というのは、それほど容易《たやす》いものではない。**それでも、その「やりたい」と思う方向へ進みたいと思っているのであれば、それで「お金を儲けよう」などと考えてはいけない。甘んじて貧窮《ひんきゅう》に身を置くような覚悟がなくてはいけない。**

逆説的な言い方ですが、志を貫く覚悟を説いているようにも聞こえるのです。

#059

自分なりの「哲学」があれば、道はおのずと見えてくる

君子《くんし》は本《もと》を務《つと》む。本《もと》立《た》ちて道《みち》生《しょう》ず。

▼賢い人というのは、まず自分なりの哲学を確立することを心がける。哲学が確立すれば、おのずからどう生きるべきか、その指針が定まる。

「本」というのは、「哲学」のことです。

たとえば、「私は商品開発にあたっては、まず消費者のためを思って、安い価格の製品を作ることを第一に心がけたい」という考え方が、その人の中にしっかり根づいていれば、おのずから、その「安い価格」の実現のためにするべき方法が決まってくるだろう。これが、この言葉の「道生ず」の意味合いです。

そのためには、製作コストを徹底的に切り下げ、また流通ルートを簡素化する。他にも方法はあるでしょうが、とにかくその人は、「安い価格」の実現のために、様々な方策を思案するに違いありません。

もちろん、「私はできるだけ、高級感のある商品を開発したい」と考える人もいるで

しょう。

その人はまた、自分の考え方に従って、様々な方策を練るでしょう。なるべく高価な部品を選び、開発された商品を販売する拠点も、街の安売りスーパーではなく、やはり、それなりに名の通った高級店を選ぶはずです。

とにかく、その人の「哲学」のあり方によって、方法は異なってくるのです。しかも各々の「哲学」に合致した方法が、自然と生まれてくるのです。

逆の言い方をすれば、「哲学」の確立されていない人というのは、方策が見つからない、自分が何をしたらいいかわからない人であるのです。

このような人たちは、他人の意見に左右されがちです。

ある人が、「私は、こうする」と言えば、「私も、そうなのです。こうしたいと思っていたのです」と他人の意見に追随し、またある人が、「それよりも、ああしたほうがいいんじゃないか」と言えば、たちまち前言をひるがえし、「やっぱり、こうじゃダメだよね。君の言う通り、ああしたほうがいいよね」などと言い出します。

どっちつかずで、あっちへふらふら、こっちへふらふらしている人なのです。

このような人は、人の尊敬を得られるわけもありません。「君は信念がないんだね」と、他人から非難されるだけでしょう。

#060

信念や哲学も、極端になってはいけない

中庸《ちゅうよう》の徳《とく》たるや、それ至《いた》れるかな。民久《たみひさ》しきこと鮮《すく》なし。

▼〝ほどほど〟ということの道徳としての価値は、いいものだね。私はこれまで長い間、多くの人を見てきたが、しかしながら極端に走らず、バランスのいい生き方をしている人は意外と少ないものだ。

「信念」や、自分なりの「哲学」をもって生きることは、もちろん素晴らしいことであり価値あることですが、当然、「信念」や「哲学」には、いいものもあり、悪いものもあるのです。

「悪いもの」と言えば、たとえば「極端な信念、哲学」でしょう。

ある人の信念と哲学は「長生きする」ということでした。

長生きすれば長生きするほど、その人は貴い存在となる、という考え方です。

というわけで、その人は日夜、自分の健康管理には注意を怠りません。

ある日、その人は、友人から「砂糖」が健康にいいらしい、ということを聞き及びました。

さっそく、その人は次の日から、ごはんの上に砂糖を山盛りにして食べていたそうです。

しかしその後、糖尿病にかかって入院するハメになりました。

このようなものは、信念が極端になり過ぎたため、災いとして出たという好例でしょう。

ところで、この孔子の言葉なのですが、それこそ、

「極端になってはいけませんよ」

という意味なのです。

「中庸」というのは、「極端にならず、いいバランスを保つ」ということです。

先程の「砂糖」の人の話は極端な例といえるかもしれませんが、多かれ少なかれ、同じような失敗をしている人も案外たくさんいるのかもしれません。

繰り返すようですが、信念や哲学を持つことは悪いことではないのです。

悪いのは、「極端」に走ってしまうことなのです。人には、ほどよい「バランス」が必要なのです。

また、ほどよい「バランス」を保ちながら生きていける人は、幸福であり、心安らかに人生を過ごすことができるのです。

#061

自分の生死をかけられるものが、何かあるか

朝《あした》に道《みち》を聞《き》けば、夕《ゆう》べに死《し》すとも可《か》なり。

▼朝〝人としての正しい道〟を悟ることができれば、夕方に死んだとしても、私は悔いることはないだろう。

これは、ある意味、非常に象徴的な言葉です。「それだけ私は、生死をかけて真剣に、〝人としての正しい道〟を追い求めながら生きているのだ」と孔子は言いたかったのではないでしょうか。

さて、自分の生死をかけてまでやり遂げたいと思うような「何か」があるでしょうか。

もし、「私には、ある」と答えることができる人がいたとすれば、私は、そのような人をとても「幸福」であると思います。

最近、「何に対しても喜びを感じることができない」という人が増加していると聞きます。

働くにも、遊ぶのにも、「喜び」を感じることができない、というのです。ただ漠然

とした気持ちで、朝会社へ出社し、そして働き、家へ帰る。

そんな生活が、「空しくて、しょうがないんですよ」と言うのです。時の過ぎ行くままに自分の人生をやり過ごしている人なのです。

とくに、「若い人」に、そのような人が増えていると聞きます。

若いのだから、もっと他に、自分の人生をかけるような「何か」を見つければいいのに、と思えてなりません。

いや、彼らにかぎらないのかもしれません。

職場にも、夢も希望も失ったまま、ただ給料をもらうだけのために仕事をしているといった人もいるのではないでしょうか。

そのような人は、決して「幸福な人」であるとは言えないでしょう。

時々、「何を、生きがいにして生きていけばいいでしょうか」などと聞かれることがあります。

「生きがい」は、自分で探し出すものです。人に聞いて、それが見つかるというものではありません。

#062

協調性を保ちながらも、自分の意見をはっきり述べよう

君子《くんし》は和《わ》して同《どう》ぜず。

▼すぐれた人というのは、人との調和を大切にする。しかし、それは人と同化してしまうことではない。

「和」というのは、「和をもって貴しとなす」の「和」です。「人との調和」「人のまとまり」といった意味でしょう。

では、「同化する」とは、どういう意味なのでしょうか。

もちろん協調性を持つということは、生きていくうえでとても大切なことなのです。とくに企業のような組織の中で働くためには、いっそう大切なことでしょう。「自分は自分、他人は他人」では、組織はまとまりません。仕事は、どのような仕事であれ、チームワークで進めていくものだからです。

しかし人と協調しながらも、自分なりの個性を育てていくというのも、また大切なことなのです。

会議などで、「私も、彼に言ったことと同じ意見です」「社長の言ったことに、私も賛成です」としか言わない人がいます。「自分の意見」というものが、まったくない人です。

このような人は、組織の中で埋没してしまい、出世など望めません。人にできないことができるとか、自分なりのユニークな意見が持ててこそ、人の上に立つ立場を手に入れることもできるのです。

そして、人と協調しながらも、自分なりの個性をしっかり発揮すること。これが「同ぜず」という意味なのです。協調性があるということ、人と仲良くやっていくということは、決して人の意見に自分の意見を合わせたり、自分の個性を押し殺してしまうことではありません。自分の意見は意見として、はっきりと、「私はこう思います」と主張しなければいけません。

しかし時には「自分の意見」が「他人の意見」と相容れない場合もあるでしょう。そのような時はよく話し合い、お互いの意見を擦り合わせ、お互いが納得のいくような解決策を見つけ出す努力をする、これが協調性ということなのです。

孔子の言葉にもう一つ、「小人は同じて和せず」という言葉もあります。意味は、今言ってきたこととは正反対に、「愚かな者は、他人の意見に自分の意見を合わせながら、陰でこそこそ、その相手の意見にケチをつけること」です。

#063

「やりがい」を求めるか、「地位」を求めるのか

位《くらい》なきことを患《うれ》えず、立《た》つ所以《ゆえん》を患《うれ》う。己《おのれ》の知《し》ること莫《な》きを患《うれ》えず、知《し》るべきことを為《な》すことを求《もと》むるなり。

▼「他人の評価」などで気を揉んでも、仕方ないじゃないか。それよりも、自分にできることを精いっぱい頑張って、その成果に満足できれば、たとえ地位が得られなかったとしてもいいではないか。

これは「思うような地位を得られなくても、それはしょうがないじゃないか」「それよりも、自分にできることを精いっぱい頑張って、その成果に自分が満足できれば、たとえ地位が得られなかったとしても、いいではないか」という意味です。

ところで最近、企業の中で働く人の中には、あえて昇進を望まない人も増えてきているそうです。

課長や部長への昇進の辞令が出ても、拒否してしまうのです。

その一つの理由を、ある人の言葉を借りて説明しましょう。

「私はいつまでも現場で働いていたいんです。管理職になると、仕事の内容がマネージメント中心のものとなります。しかし私は、マネージメントの仕事などしたくありませ

ん。現場の仕事がいいのです」

ちなみに、彼は長年、営業の「現場」で働いている人です。外に出て、お客さんとの折衝をする。それが彼の「仕事の内容」なのでした。

しかし管理職になると、主に事務所の中にいて、デスクワークが中心となり、お金や人の管理といった仕事が多くなるのです。

そんな仕事より、自分はお客さんと直に接する仕事に「やりがい」を感じるので課長にも部長にもなりたくないと、言うのです。

彼にかぎらず、工場で働く技術職の人たちや、列車や航空機を操縦する人たちの中にも、そのように訴える人たちが増えてきているそうです。

これは、この人たちの「やりがい」の問題なのでしょう。確かに、自分の「やりがい」にしているものを捨ててまで、「地位」を欲しいとは思わないという人は他にもいるに違いありません。

少なくとも、その仕事に何の「やりがい」も見つけることができないまま、必死になってポストにしがみつこうとする人よりも、このような人たちの人生は「幸福」なのではないでしょうか。

#064

「口先の人」と「信念の人」は、何が違うのか

君子《くんし》は食《しょく》を終《お》わるの間《あいだ》も仁《じん》に違《たが》うことなし。造次《ぞうじ》にも必《かなら》ずここにおいてし、顛沛《てんぱい》にも必《かなら》ずここにおいてす。

▼すぐれた人というのは、食事をとっている間でさえ、〝仁〟という徳目を忘れることはない。火急の時であろうとも、困難に立ち向かう時であっても、決して〝仁〟から離れることはない。

「造次」は、「火急の時」という意味です。

また「顛沛」は、「困難な時」という意味です。

孔子はこの言葉で、「信念の強い人」をほめたたえているようにも思います。

「強い信念を持ち、その信念を実現するために精いっぱい頑張っている人は、どんな困難に出会おうとも、決してたじろいだり、あわてることはない。沈着冷静にその困難に立ち向かい、困難を克服する最善の策を考えるものだ。」

孔子は、このようなことを言いたかったのではないでしょうか。

一方、信念の弱い人は、どうなのでしょうか。

人に対して、

「必ずやり遂げて見せます。私を信じてください」

と公言する人がいます。

その言葉が、真からその人の「信念」から出た言葉である人もいますし、中には口先だけでそう言っている人もいます。

「口先だけの人」は、その人の行動をよく見れば、すぐにわかります。

その人は、熱心に働いているような姿を見せていても、

「会社の近くに、玉のよく出るパチンコ屋ができたんだって。君知ってる？」

などという話を同僚から聞けば、たちまち心がそわそわしてきて、仕事など投げ打ってパチンコ屋に行ってしまいます。

困難な問題が生じれば、たちまちやる気を失って、

「私は別にやらなければならないことがあるから、悪いけど、この仕事を君に任せるよ」

などと言って、自分はその困難な問題から逃げてしまいます。

このような「口先だけの」信念の人は、孔子がもっとも軽蔑する人間です。

結局この人は何も「やり遂げる」ことなどできないからです。

#065

正しい方法で富と名声をつかむ人に、愚かな人はいない

富《とみ》と貴《たっと》きとは、これ人《ひと》の欲《ほっ》する所《ところ》なり。
その道《みち》を以《もっ》てこれを得《え》ざれば、処《お》らざるなり。

▼金銭的に裕福になり、社会的な地位を高めることは、すべての人たちが欲するところである。しかし、富と名声を得るにしても、その〝方法〟を間違ってはいつか失敗する。

孔子が言う「間違った方法」というのは、何でしょうか?

これを考えるにあたって、スティーブ・ジョブズという一人の事業家のことが思い出されました。

有名人でもありましたから、ご存知かもしれませんが、『アップル・コンピュータ』の企業の創業者で、世界で初めてパソコンを開発した人としてもよく知られています。

この人のもとへは日夜、様々な人が訪ねてきたそうです。

そんな訪問者の中には、

「どうしたら、あなたのようにお金儲けができますか」

と聞いてくる人もいたそうですが、その質問に対しては彼は、こう答えたそうです。

「私は、お金儲けをしたいなどと考えたことはありません。ただ、自分が思いついたアイディアを世界中の人たちに知ってもらいたかっただけなんです」

いいアイディアを思いつく↓このアイディアを世界中の人に知ってもらえば、世界の人々の生活はきっと今以上に便利で快適なものになるに違いないと思う↓世界の人が喜んでくれるのならと、献身的に頑張る↓すると図らずも、多額のお金は入ってくる↓そのお金を使って、さらに世界の人に喜んでもらえるような商品の開発に努力する↓するとまた図らずも、お金が転がり込んでくる……ジョブズという人は、必ずしも初めから「お金儲け」が目的ではなかったのです。あえて言えば、「人に喜んでもらう」、これが目的であったのです。

彼の献身的な目的、これが孔子の言う「その道を以て」、つまり「正しい方法」と共通するものではないかとも思います。

単なる「お金儲け」を目的にする人は、そのために人をだましたり、ずるいことをするものです。

それが孔子が言う「間違った方法」なのではないでしょうか。

#066

人のために生きることが、自分の人生を幸福にする

貧《まず》しきと賤《いや》しきとは、これ人《ひと》の悪《にく》む所《ところ》なり。その道《みち》を以《もっ》てこれを得《え》ざれば、去《さ》らざるなり。

▼貧乏な生活と、人からばかにされるような卑しい境遇というのは、誰でもいやがるものである。しかし人が貧乏、また卑しい境遇へ落ちぶれてしまうのは、それなりの理由があるのだ。

この言葉は、前項の「富と貴きとは……」に続いて、孔子が述べた言葉です。

孔子は「それなりの理由」と言いますが、これが何を意味しているかは前項でも多少触れました。

エゴイスティックな欲望から富や名声を得ようとする人は、人をだましたり、ずるいことを平気でする。しかし、そのために誰からも相手にされなくなる。そしてさらに自分を貧乏と卑しい境遇へと追いやってしまう。そのような悪循環におちいってしまうのです。

これが、孔子の言う「それなりの理由」なのでしょう。

では、この「悪循環」から、どのようにして脱却すればいいのでしょうか？

私が思うには、それは、「利己心」を捨てるということではないかと思うのです。

前項のジョブズもそうでしたし、**およそすぐれた事業家、すぐれた人格者に共通しているものがあるとすれば、それは「人に貢献したい」「人の喜ぶ顔を見たい」という強烈な意識**ではないかと思うのです。

彼らは、自分の利益よりも、人の利益を優先して考える人たちです。「人のために」生きていくことに喜びを感じる人なのです。そのような人たちが、孔子の言うところの「仁者」なのです。

人のために頑張る。そのような人たちを、神さまは見放しはしません。かえって多くの恵みをもたらしてくれるのです。

利己的にしか物事を考えることができない人は、人のために何かをするということを、自分が損をすることのように考えてしまうようです。

しかし、それは浅はかな考え方なのです。まずは、その「考え方」を改めなければなりません。

また、「人のために生きる喜び」を知っている人たちは、富も名声も得られなかったとしても、自分の人生に十分に満足できる心の豊かさを持つことができるのです。「幸福」は、そのような人に与えられるものなのです。

#067

つまらない虚栄心が、自分を不幸にしていく

人《ひと》の己《おのれ》を知《し》らざるを患《うれ》えず、人《ひと》を知《し》らざるを患《うれ》う。

▼人から自分がどう思われているのか。そんなことに、いちいち気を揉むのはおやめなさい。それよりも、あなたが人の心を見抜けない、その眼識のなさを心配しなさい。

「虚栄心が強い人」がいます。

このタイプの人は、いつも「人の視線」を気にしながら生きています。

自分は人から、どう思われているのだろう。よく思われているだろうか。もしかして自分を悪く言う人はいないだろうか。いつも、そんなことに気を揉みながら生きているのです。

しかし、「自分が人から、どう思われているか」ということばかりを気にしながら生きていく生き方は、疲れるものです。そのために言葉を飾ったり、時には嘘を言わなければならなくなる場合もあるでしょう。

三流大学にいた時の成績がそれほどよくもなかったのに、話をしている相手が一流大学出身の人だとわかれば、

「私は三流大学の出身だけど、成績は抜群に良かったんだ。卒業する時に、ゼミの教授から大学院へ残らないかって熱心に薦められたんだけどね、それを断わってこの会社に就職したんだ」

などと嘘を言わなければならなくなります。

また、それほど知識がないことに対して、

「ああ、そのことだったら、私はくわしいんですよ。私に任せてください」

などと言う人もいるかもしれません。

そうしなければ、自分の「自尊心」に傷がついてしまうからです。

しかし、**虚栄心から出る「嘘」はいつかはバレてしまう**こともあります。

バレた時の恥ずかしさを思えば、やはり嘘は言わないに越したことはありません。しかし、それでも、自分をよく見せようと嘘をついてしまうのが「虚栄心の強い人」の特徴なのかもしれません。

孔子は、この言葉で、「そんな虚栄心などというものは、つまらないものですよ」と言っているのです。

つまり、「自分を磨く」「自分を向上させる」ことに一生懸命になって生きている人は、人から自分がどう思われているか。そんな、ささいなことは気にしないのです。

#068

生まじめに生きるだけでは、人間的魅力がない

道《みち》に志《こころざ》し、徳《とく》に拠《よ》り、仁《じん》に依《よ》り、芸《げい》に遊《あそ》ぶ。

▼正しい道を目指し、身につけた徳を根拠とし、仁によりそって、芸に遊びなさい。

孔子は、人の志とは、多くの人たちに喜ばれ、多くの人たちのためになるものでなければならないと言っています。自分勝手な、自己満足のためだけのものであってはならないと言っているのです。それが「徳」なのであり、そのためには、人を愛する心、人を大切に思う精神を養わなければならない。すなわち「仁」だというわけです。

ここまでは孔子の基本的な思想の理念が述べられているわけですが、この言葉で面白く思われるのは最後の一節です。すなわち「芸に遊ぶ」です。

当時の中国には、「六芸《ろくげい》」という言葉があったそうです。それは、礼法(社会的なエチケットのこと)、音楽、弓術、馬術、書法、算術の六つの技能のことを言いました。礼法と算術は別にして、残りのものは、言うならば趣味の分野に属するものです。実は孔子は、「人間は、生まじめに勉学するだけでは足りないのだ。趣味を身につけて、遊ぶという

ことも大切なのである。生まじめなだけの人間には、人間としての温かみがなく、人間的な魅力がない」とも言っているのです。

孔子と言えば、普通は、求道的に一心不乱に勉学に取り組む、何か面白味のない人を想像されるのかもしれませんが、その実像は案外、音楽や馬術も楽しむ趣味人でもあったようです。

話は変わりますが、多くの精神科医たちが、趣味を持つ人は「うつ病」になりにくいと言っています。仕事でストレスが溜まっても、趣味が気分転換となってくれるから、ひどく落ち込むことがないというのです。**趣味を持つことは、心の安らぎのために必要なのです。**

また確かに、何の趣味もない、生まじめな人というのは、どこかつき合いづらく映り、周囲の人から敬遠されがちであるということも真実なのでしょう。社会的に成功するためには、多くの人たちとの、いわば社交の技術も大切な要素となるのですが、その意味では、生まじめ過ぎて、「あの人はつき合いづらいよね」と思われてしまうのは不利なことです。

スポーツでも、音楽でも、なんでもいいのです。心の安らぎのため、社交の技術を向上させるため、仕事以外に趣味を持つことをぜひお薦めします。

column

志をもち、それをなし遂げることの大切さ

・豊かな知識と強い意志を持つ人間になろう。
・自分の志を奪う人間は誰もいない、と考えよう。
・目先の欲にとらわれないようにしよう。
・自分なりの価値観、自分なりの哲学を持とう。
・極端なものの考え方はやめよう。
・仕事には、やりがいを求めよう。
・人とは仲良くしながらも、自分の意見ははっきり言おう。
・人から賞賛されなくてもいいじゃないか。
・つまらない虚栄心を張るのはやめよう。
・時には趣味で大いに遊ぼう。

第六章

何よりも実践を重んじる生き方

#069

多くの経験を積んで、その経験を活かそう

多《おお》くを見《み》て殆《あや》うきを闕《か》き、慎《つつし》んでその余《よ》を行《おこな》う。則《すなわ》ち悔《く》い寡《すくな》し。

▼様々なことを自分で実際に経験して、危険なことは避けるべきです。控えめな気持ちで、安全策をとりなさい。そうすれば後悔せずに済むでしょう。

ここでは、「サラリーマンとしての心得」が述べられています。

この言葉は「後悔しない」ための心得が語られています。

確かに「経験の少ない人」というものは、よく危なっかしいことをするようです。

幼い子供を見てください。

足のぐらぐらしているような椅子の上に乗って、飛んだり跳ねたりします。手摺りによじ登って、反対側へ落ちそうになったりします。

しかし、危険なことをして、椅子から実際に落ちて痛い目に会ったり、手摺りから落ちてびっくりした経験をすることによって、そのようなことはしなくなります。それは「危険なこと」を、経験から学ぶからです。

仕事というのも、そういうものなのではないでしょうか。

いわゆる「ベテラン社員」と呼ばれるような人が、なぜ頼りになるのか。それは、その人が、様々な経験を積んできたからでしょう。

その経験から、「どうすればいいのか」というコツをつかんでいるから、周りはその人に学ぼうと頼りにするのです。

とかく危なっかしい仕事のやり方をするのは、若手の社員に多いようです。

しかしここで考えなければならないのは、一度「危なっかしいこと」をしなければ、私たちはそれを「危険である」と知ることができないという点です。

初めから、安全策を取ることなどできないのです。「経験豊かな人」というのは、言い換えれば、それだけ多くの「危険な経験」をしてきている人でもあるのです。ですから、「危険なこと」を、ただびくびく怖がっているだけでは、いつまでたっても何も学ぶことができません。

まずはチャレンジしてみることです。そして、それが「危険なこと」であるとわかった時は、二度とその過ちを繰り返さないこと。そうすれば「後悔」することもないように思います。

#070

自分の頭で考えることのできない人は、誰からも尊敬されない

学《まな》んで思《おも》わざれば則《すなわ》ち罔《くら》し。思《おも》うて学《まな》ばざれば則《すなわ》ち殆《あや》うし。

▼学ぶだけでなく、学んだことに自分の考えを加えることのできる人が、賢い人なのである。また自分自身何か問題意識を持って学ぶのでなければ、やはり何も学んだことにはならない。

こんな失敗はないでしょうか。

会社の上司から、仕事の指示を受けます。

「こうしなさい」というから、言われた通りにしたのですが、うまくいきません。

さて「うまくいかない」のは、上司の指示の仕方が悪かったのでしょうか。

確かに常識的に考えれば、この社員は、指示通りにやって、うまくいかなかったのですから、上司の指示の仕方が悪かったに違いありません。

しかし、ここで、「悪いのは上司だ」と決めつけてしまうのは、いかがなものか、とも思うのです。

というのも、もしこの人が**「すぐれた知性の持ち主」であったならば、上司の指示通**

りにしてうまくいかなかった場合は、きっと自分で工夫して、仕事がうまくいくような方法を見つけ出すだろうと思うからなのです。

ただ単に「指示通り」にやるというのは、機械でもできることです。そこに創意工夫をつけ加えるのが、賢い人間のやり方なのです。

そしてまた、それがこの見出しの言葉の意味なのではないかと思うのです。

受験生が試験勉強でするような、教科書の単なる「丸暗記」ではダメだ、と言っているのです。

そこに自分の頭で「考える」という行為を加えなければいけないのです。

仕事でも、もちろん同じことです。

「イエスマン」というのは、上司の言うことに、ただ「はいはい」と答えるだけの人のことを言います。自分なりの主張、自分なりの仕事のやり方がない人です。このような人は、仕事に生きがいを持つことはできないでしょう。

大成する人というのは、ある意味、強い個性の持ち主が多いのです。

そして「個性」というものは、自分なりのものの考え方ができる人に備わるものなのです。

#071

理論は実践を伴わなければ、何の意味もない

先《ま》ずその言《げん》を行《おこな》い、而《しか》して後《のち》にこれに従《したが》う。

▼君は素晴らしい意見を持っている。しかし実践が伴わなければ何の意味もないのだ。まず実践してみなさい。意見を述べるならば、その後にしなさい。

「口先だけの人」などとよく聞きます。

口ではうまいことを言うものの、実行が伴わない人のことです。

実は、そのような人物が、孔子の弟子の一人にいたのです。その弟子が孔子に、「賢い人とは、どのような人物を言うのですか」と問いました。それに答えて孔子が述べた言葉が、見出しのこの言葉なのです。

この弟子は、「賢い人とは、君のような人物を言うのだよ。君は本当に頭が良く、君の意見にはいつも感服しているんだよ」と、孔子にほめてもらいたかったのかもしれません。

しかし孔子が、この弟子に対して述べたのは、実は口先だけで行動しない人への苦言であったのです。

孔子は非常に、実践を重んじる人でした。単なる へ理屈というのは、孔子がもっとも嫌うものであったのです。

「部長はダメだなあ。どうして、この時代に、あんなことをするんだろう。もう時代遅れだよ。頭が古いんだなあ。私なら、こうするのに」

などと言う人がよくいます。

しかも、「私ならこうする」ということを、いつになっても実行に移しません。ただ会社の上司を批判ばかりしている人です。

まさに「口先だけの人」なのですが、孔子がその人を見たら、やはり厳しい苦言を呈したのではないでしょうか。

「人を批判するのは簡単なことです。そんなことは、してはいけません。どうしても人を批判したいのならば、まず自分が思うことをやって見せて、その成果を出した後で、批判しなさい」という孔子の声が聞こえてきそうです。

とくに、この孔子の言葉は、ビジネスの世界に生きている人は肝に銘じておかなければならない言葉なのではないでしょうか。ビジネスは、結果が求められるからです。形として利益を出さなければなりません。そして結果とは、行動によってしか得られないものなのです。「口先だけ」では、結果は得られません。

#072

「頑張るぞ」「やってやるぞ」と、いつも自分自身に語りかけてみよう

約《やく》を以《もっ》てこれを失《しっ》する者《もの》は鮮《すく》なし。

▼心を引き締めて、謙虚な気持ちを忘れずに事にあたる者は、失敗することは少ない。

この「約」という言葉には、二つの意味が含まれています。一つには、「引き締める」ということ。もう一つには「小さくする」ということです。この二つの意味が、「心の持ち方」ということに関して述べられているのです。

昔、「なんとなく」という流行語がありました。今では特別な言葉でもなんでもありませんが、それでも、「なんとなく」生きている人は、多いのではないでしょうか。なんとなく朝起きて、なんとなく会社へ行き、なんとなく働く、そんな人たちです。何に対しても「生きがい」「働きがい」など感じることができずに、漠然《ばくぜん》とした気持ちのまま生きている人たちです。

このような人たちの人生が充実するはずはありません。また孔子の言う通り、「なんとなく」生きている人たちは、何に対しても集中することができずに、「失する」、つま

り失敗することも多い人なのでしょう。

人生を充実させて生きている人は、何かに目的を持ち、その目標に向かって一生懸命に生きているのです。

また、そういう人は、いつも自分自身に向かって、

「さあ、頑張るぞ」

「やってやるぞ」

と励ましの言葉をかけている人のようにも思えます。

そのような言葉で、自分自身を元気づけているのです。

もし、「なんとなく」生きているならば、今日からでもかまいませんから、自分自身を励ます言葉を自分にかけてみるとよいでしょう。

これは一種の、自己暗示です。

「頑張るぞ、頑張るぞ」と心に向かって言っているうちに、自然に元気がみなぎってくるはずです。

声にして言う必要はありません。心の中で、声に出さずに言ってみるだけでもいいのです。

「気合」が入れば、人生は、今よりも充実したものになるでしょう。

#073

賢い人は、機敏に行動する

君子《くんし》は言《こと》に訥《とつ》にして、而《しか》して行《おこな》いに敏《びん》ならんことを欲《ほっ》す。

▼賢い人というのは、弁の立つ人ではない。むしろ朴訥《ぼくとつ》とした話し方をするものだ。ただし、行動は機敏で、これをするのが正しいということがわかれば、すぐに実行に移す。

「賢い人は口下手」ではあるけれど、確かに「機敏な行動」というのは、賢い人の必須な用件であることに間違いないのではないでしょうか。

たとえば、「人に謝る」ということを考えてみてください。

何か自分に責任があることで不都合なことが生じる。そのために人に謝罪しなければならないのですが、誰にとっても、人に頭を下げて謝るということは、できればしたくないことです。

今日謝ることができるのに、つい、「まあ、明日でいいや」と考え、明日になれば、「次の日でもいいや」などと先伸ばしにし、そのまま何の謝罪もしないまま月日が過ぎ去ってしまう。そんなことは、よくあるのではないでしょうか。

しかし謝らなければならない時に、しっかりと「どうも、すみません」とすぐに謝れない人は、結局人からの信頼を失うものです。

やはり人への謝罪に関しては、「敏ならんこと」、つまり「早めに」することが必要なようです。

「遅れそうな仕事」も、そうかもしれません。締め切りに間に合わせるためには、今から急いで、その仕事に取りかからなければならない。しかし、なぜか、そのような仕事にかぎって、「締め切り」というのがプレッシャーになって気が重くなり、なかなか手をつけられなくなるものです。

そのために結局、締め切りに間に合わなくなってしまうのです。

学生にとっては、受験勉強などそうでしょう。

「明日から、明後日から」と勉強に取りかかるのを伸ばし伸ばしにしながら、最後には試験日直前の一夜漬けになってしまう。

どのようなものにしても、先手先手に早めに片づけてしまうのが、自分のためにも、人の迷惑にならないためにも、いいことなのではないでしょうか。

それが賢い人の、やり方なのです。

#074 全力で生きる。それだけで人は幸福になれる

君子《くんし》は坦《たいらか》にして蕩蕩《とうとう》たり。小人《しょうじん》は長《とこし》えにして戚戚《せきせき》たり。

▼立派な人というのは、心がいつも穏やかで悠然としている。反対に、愚かな人というのは、心が落ち着かない様子で、いつもオドオドしてばかりいる。

ある会社の幹部が、この孔子の言葉と、同じような意味合いのことを言っていました。いわゆる**「できる社員」は、たとえ仕事で失敗した時でさえ堂々としている、**というのです。

自分にできることは、すべてやった。ベストを尽くした。だから、たとえ良い結果が得られなくても満足していられる。もちろん仕事は成功するに越したことはないのだが、失敗しても、「それもまた良し」と考えることができる。「できる社員」は、そのように考えることができるから、いつも堂々としていられるのだろうと、その幹部は言うのです。

反対に、「ダメな社員」というのは、仕事の結果が出る以前から、いかにも自信なさそうにオドオドしている。「失敗したらどうしよう。叱られたら、どう言い訳しよう」

と、そんなことばかり考えているように見えるそうです。

「ダメな社員」が、仕事に自信を持てないのは簡単なことで、それは彼が仕事に全力を尽くしていないからだとも、その幹部は言っていました。

人生についても同じことが言えるのではないでしょうか。

全力で生きている人というのは、たとえ苦難の境遇にあろうとも、いつも堂々とした態度でいられるものではないか、と私は思うのです。会社の派閥争いに巻き込まれて左遷された。以前からずっと心の中で恋焦がれていた人に失恋してしまった。人にだまされて全財産を失ってしまった。どのような人にも、人生には、様々な苦難が待ち受けています。しかし全力で人生に立ち向かい、精いっぱい生きている人の人生には、決して「悔い」はないのではないかと思うのです。

ですから、どんな時でも堂々としていられるのです。

ささいな心配事でイライラしてばかりいる人は、その意味から考えれば、恐らく、自分の人生を全力で生きていないのでしょう。

充実した人生を送りたいと思うのであれば、まずは全力を出し切って「生きる」ことなのです。

#075

最後の一踏ん張りが、成否の分岐点となる

譬《たと》えば山《やま》を為《つく》るがごとし。未《いま》だ一簣《いっき》を成《な》さずして、止《や》むは、吾《わ》が止《や》むなり。
譬《たと》えば地《ち》を平《たい》らぐるがごとし。一簣《いっき》を覆《くつがえ》すと雖《いえど》も、進《すす》むは、吾《わ》が往《ゆ》くなり。

▼たとえば「もっこ」で土を運び山を築く。あと一杯で山が完成する、その最後の一杯を運ぶ努力を怠れば、それまで汗水たらして努力したにせよ、すべて無駄な努力になってしまうのである。また、低くなった土地を土で埋めて平らにしようと思う。「もっこ」一杯に盛られる土はわずかなものであっても、それをコツコツ続けていけば、いつかは土地も平坦なものになる。

これは物事を成就するためには、最後の「詰め」がもっとも重要になる、という言葉です。「一簣」というのは、土を運ぶために用いられる道具である「もっこ」に盛られた一杯の土という意味です。

たとえば「もっこ」で土を運び山を築く。「もっこ」を、気が遠くなるほど何度も往復させて、何百杯、何千杯もの土を運ぶのです。しかし、後一杯で山が完成するという段階になって、その最後の一杯を運ぶ努力を怠れば、それまでに汗水を流して努力していたにせよ、それはすべて無駄な努力になってしまうのです。

お金を貯めるにしても、会社の中で出世していくにしても、自分で事業を始めて会社を伸ばしていくにしても、それには「もっこで土を運ぶように」コツコツと努力を積み重ねていくことが大切だ、というのが第一の意味です。また第二として、そのようにしてコツコツ努力を積み重ねてきたのに、後一歩のところであきらめてしまっては、今までの努力がすべて水の泡になってしまう……と孔子は言っています。

この「最後の詰め」ができるか、できないかが、物事を成功に導けるかどうかの重要な分岐点になるということでしょう。相撲でよく、相手力士を一気に押し込んでいくものの、土俵際で相手にねばられて、なかなか土俵の外へ押し出すことができずにいる場面を目にすることがあります。押しても押しても相手は土俵の外に出ない。ついに根負けしてしまって、自分のほうが腰砕けになって負けてしまうのです。

そのような場面からもわかるように、**物事は、この「最後の一押し」というのが、実はなかなか大変なもの**なのです。仕事でもそうでしょう。たとえばレポートを書き上げる。途中まではスムーズにペンは運ぶものですが、最後の一ページをどのように結論づけるのか。これが結構難しいのです。

しかし、この最後の一踏ん張りを頑張って乗り越えなければ、今までの努力は水の泡になるのです。それができるかどうかで運命は決定すると思います。

#076

言うことは簡単だ。実行することは難しい

古《いにしえ》は言《こと》をこれ出《い》ださざるは、躬《み》の逮《およ》ざるを恥《は》じてなり。

▼昔の人というのは、心に思っていることを、大っぴらに人前で口に出すことなどはなかった。言ったことを実行に移せなかった時のことを考え、それを〝恥〟としたからである。

孔子が、このようなことを述べる裏には当然、「今の人」たちに対する不満があったのでしょう。

「今の人たちは何のためらいもなく、自分の希望や夢のことを口にする。しかし、言ったことを言葉通りに実行に移す人はまれである。しかも、言ったことができないということに、何の羞恥心も感じない」

さて、ひるがえって、私たちが生きている現代という時代はどうなのでしょう。

やはり孔子が嘆くような、「口はうまいが、まったく実行が伴わない人」が増えてきているようにも思います。

これを「有言実行」と言います。

言ったことは必ずやり遂げる、という「有言実行の人」は孔子の理想とするところであったのでしょうが、しかし考えてみれば、言った通りのことを実行するというのは、なかなか難しいものです。

「言う」という動作は、自分の頭の中で考えていることをそのまま口に出すことですから、ある意味たやすいことなのかもしれませんが、現実には、想像していなかった展開になることもありがちです。

そのような状況は、事前に察知できないことがほとんどなので、「言った通りにやり遂げる」ということは、難しくなるわけです。

「言うは易く、行うは難し」という言葉もあるくらいです。

もちろん「有言実行の人」になれれば、それが一番いいのです。

しかし、それができなかったら、**できもしないことを気軽な気持ちから、人前で口にすることなどやめたほうがいい**のです。

「あなたは、やることと、言うことがまったく違うじゃありませんか」と人から非難されて、周囲からの信用をがた落ちにするよりは、少なくともマシなのではないでしょうか。

#077

人生は一歩一歩着実に歩んでいこう

吾十有五《われじゅうゆうご》にして学《がく》に志《こころざ》す。三十《さんじゅう》にして立《た》つ。四十《しじゅう》にして惑《まど》わず。五十《ごじゅう》にして天命《てんめい》を知《し》る。六十《ろくじゅう》にして耳順《みみしたが》う。七十《ななじゅう》にして心《こころ》の欲《ほっ》する所《ところ》に従《したが》うて、矩《のり》を踰《こ》えず。

▼私は十五歳で学問を志し、三十歳になって独立した立場を持ち、四十歳になってあれこれと迷わず、五十歳になって天命をわきまえ、六十歳になって人の言葉を素直に聞くことができ、七十歳になると思うままにふるまって、それで道をはずれないようになった。

この言葉は一般的によく知られていますから、みなさんもご存知と思います。

ところで、

「孔子という人は、十五歳の時から学問を志し、その後一生十代の時の信念を貫いた人なのか、偉いもんだなあ」

という解釈の仕方もあるのでしょうが、ここでは違った意味から、この言葉を読んでいきたいと思います。

すなわち孔子の七十歳の時の心境から、時をさかのぼる方法です。

孔子は「七十にして心の欲する所に従うて、矩を踰《こ》えず」と言っています。

しかし、この「心に思いついたことを、そのままに」を、たとえば現在の自分の年齢で実践したら、どうなるでしょう。

お金を持っていないのにもかかわらず、マンションの一室を購入したいと思いつく。しかし、七十歳の孔子の心境をまねて、「心に思いついたことを、そのままに」実践しようと不動産屋と契約を結んでしまう。お金を持っていないにもかかわらず、そんな契約をすれば、うまくいくことはないでしょう。

つまり、七十歳の孔子の心境に達するまでには、「十有五にして学に志し」、「三十にして立ち」、「四十にして惑わず」、そして「五十にして天命を知る」、「六十にして耳順う（人の言葉に素直に従えた）」という段階を踏んでこなければならないのです。

多少理屈っぽい説明になってしまいましたが、**物事には「順序がある」**ということです。マンションを買いたかったら、お金を貯めなければなりません。お金を貯めるためには、一生懸命働かなければなりません。一生懸命働くためには、やりたい仕事や職場を求めなければなりません。そのためには頑張って勉強する必要があります。

人生には、そのような順序があり、それを一歩一歩着実に踏まえていかなければならないのです。この順序を無視して、一気にマンションを手に入れようとするのは、「傲慢」というものなのではないでしょうか。

#078

本当に「ポジティブな人」は、慎重さを失わない

暴虎馮河《ぼうこひょうが》、死《し》んで悔《く》いなき者《もの》は、吾《われ》は与《くみ》せざるなり。必《かなら》ずや事《こと》に臨《のぞ》みて懼《おそ》れ、謀《はかりごと》を好《この》みて成《な》さん者《もの》なり。

▼無謀な人を、一部の人は「勇敢な人」と言ってもてはやすかもしれないが、私は賛成できない。事に当たっては、必ずや、慎重に見極め、事前の計画をきちんと立てておくべきなのだ。私はそう思う。

「暴虎馮河」とは、素手で暴れる虎と闘ってこれを打ち殺し、また、大河を船も仕立てずに、そのまま自分の足で歩き渡るような、いわば無謀とも思えるような行い、ということです。

「謀《はかりごと》」とは、この場合、「計画」「作戦」といった意味合いです。

「ポジティブ」という言葉があります。最近はいろいろなところで、よく耳にします。「前向きに行こう」という意味ですが、この言葉をまったく勘違いして使っている人も、時々見受けられるように思います。

ある会社での出来事です。

ある企業の若手社員が新規事業の計画を発案しました。しかし収支計算をしてみる

と、どうしても採算が合う事業ではありません。間違いなく赤字事業になってしまう計画だったのです。当然上司は、

「もっと採算のことを考慮した上で、計画を立て直しなさい」

と部下に命じました。

すると部下は、こう言って、反論したのです。

「部長、そんな細かいことは、いいじゃありませんか。もっとポジティブに行きましょうよ。ポジティブに」

この部下などは、「ポジティブ」という言葉を、まったく勘違いして使っている好例でしょう。この部下は、ただ能天気《のうてんき》なだけなのです。

孔子は、見出しの言葉で、このような能天気な部下を叱っているのです。採算ベースに乗らないような事業に手を出すのは、いわば、「素手で虎と闘い、自分の足で大河を歩いて渡る」ようなものだ。無謀な試みは必ず失敗する。後で痛い目に合うのは自分自身なのだから、やめておいたほうがいい、というのです。

物事を前向きに、ポジティブに考えるのは、もちろん悪いことではありません。しかし、それは「無謀」ということとは違うのです。あくまでも慎重に事を見極め、そのうえで、果敢に挑戦していく姿、それが本当のポジティブという意味なのです。

#079

自分の才能を活かす、活躍の場を持とう

百工《ひゃっこう》、肆《し》に居《い》て以《もっ》て其《そ》の事《こと》を成《な》す。
君子《くんし》、学《まな》びて以《もっ》てその道《みち》を致《いた》す。

▼職人はそれぞれの仕事場を持っていて、その場所で仕事に精進する。偉大な人間は、それと同じように、学問において人生の道を究める。

これは孔子が述べた言葉ではありません。

子夏という、孔子の弟子が述べた言葉です。「百工」というのは、陶芸家とか大工といった、言わば職人のことです。

君子にとっての「学問」は、職人にとっての「仕事場」のようなものである、というのが全体の意味合いです。

ところで私は、この言葉を、次のように理解してもいいのではないかと思います。

人には、それぞれ「才能」があります。そして、その才能によって、人それぞれの「活躍の場」が生まれます。

たとえば事務職にとっては、会社が活躍の場です。営業マンにとっては取引先や商談

室が、技術者であれば工場や現場が、活躍の場です。それと同じように、哲学者であれば、大学が活躍の場になるでしょう。

私はこれまでに、たくさんの本を書いてきました。ですから私にとっては、本を書く部屋が、活躍の場ということになるのです。

自分が活躍できる場を持った人というのは、ある意味、幸福な人なのではないかと思います。

反対に、活躍の場を持たない人は不幸です。

その人は、自分の才能を何かに活かすということができないからです。

自分が、どのような仕事に向いているのか。逆に、どのような仕事には向いていないのか。自分の性格的な長所や欠点は、どのようなものなのか。特技は何か……このことを常日頃からよく考え、また長所や特技にさらに磨きをかけるように自己研鑽を重ねておくことは大切です。

自分の「活躍の場」を見つけ出すために欠かせないのです。

自分自身とはどのような人間であるのか。そのことをよく知っている人は、自分の活躍できる場を探し出すのも早いように思います。

#080

考えすぎは、失敗の原因

再《ふた》びせば斯《こ》れ可《か》なり。

▼二度考えれば、それでいいのだよ。

孔子よりも前の世代の、ある賢人が、

「私は何かを実行に移す時には、三度よく考えてからにした」

と言っていました。

その言い伝えを孔子が聞いて反論して述べたのが、この言葉です。

これは一口に言えば、「**考えすぎては、いけないのだよ**」という意味ではないでしょうか。

なぜ考えすぎてはいけないのか。その理由は、考えすぎることで私たちの心がマイナスの方向へと向かってしまいがちだからでしょう。

「本当にだいじょうぶだろうか。もしこんなことをしたら、失敗して手痛い仕打ちを受けてしまうのではないだろうか」

などと将来のことが心配になってくるのです。

就職先を決める時、仕事で何か新しいことにチャレンジする時、あるいは結婚相手を決める時に、あまり考えすぎると、やはり将来のことが何かと心配になり、迷いが生じて決心がつかなくなります。このようなことは、私たちもよく経験することではないでしょうか。

もちろん熟慮することは大切なことです。軽はずみな行動は、失敗の原因になります。よく考えてから行動しなければなりません。

ですから孔子は、よく考えて物事を判断するために、「二度考えなさい」と言っているのです。

しかし「三度考える」と考えすぎになって人生がいい方向へと展開していくことはない、と言っているのです。

決断をする時には、果敢に、思い切って決断を下す。決断を下した後は、もう後悔はしない。

それが人生を成功に導くための一つのコツなのです。

いつまでもくよくよと悩んでいるような人には成功はやってこないでしょうし、充実した人生も望めないでしょう。

column

やると決めたことは行動に移さなければ意味がない

・適格な判断を下すための情報を集めよう。
・多くの経験を積もう。
・自分の頭で物事を考えてみよう。
・思いついたことは、実践してみよう。
・「やってやるぞ」と叫んでみよう。
・行動は機敏に、迅速に、を心がけよう。
・最後のひと踏ん張りは、気合いを入れて。
・一歩一歩着実に歩んでいこう。
・積極果敢に、しかも慎重に行動しよう。

第七章

真摯《しんし》に学んでいく生き方

#081

「才能」で成功するのではない。「努力」で成功するのだ

我生《われう》まれながらにして、これを知る者《しもの》にあらず。

▼私は生まれながらにして物事をわきまえた人間ではない。

孔子は、なぜ学問がよくできるのか。なぜ賢いのか。それに答えて孔子は、「私は生まれながらに、賢かったわけではありません。もし私が今、人よりも、いくらかでも賢いのであるならば、それは努力して勉学に励んできたからなのです」と言うのです。

「私には才能がありませんから、そんなことはできませんよ」などと言う人がいます。しかし孔子は、物事を成就するのに、また成功をおさめるのに、「才能」などというものは必要ないと言っているのです。うさぎとカメのイソップ物語ではありませんが、たとえ才能などなくても、**たとえ歩みは遅い「カメ」であってもコツコツ努力していけば道は必ず開けると**言っているのです。

見出しの言葉は短いですが、孔子の信念が表れている言葉です。

自動車販売会社のセールスマンをしている人がいます。彼も必ずしも才能に恵まれていたわけではありません。どちらかと言うと、人づき合いが苦手なタイプで、気弱な性格から、人に物を売り込むような仕事はとてもやっていけないような人のように思えました。しかし彼は現在、成績がとても優秀で、会社から表彰されるほどの営業の腕前なのです。

その彼も、先の孔子の言葉と、同じようなことを言っていました。

やはり、コツコツとではあっても努力を積み重ねていく姿勢が大切だというのです。彼のやり方で言えば、「足で稼ぐ」ということです。

気弱で、口べたで、社交的ではない人間でも、二度三度お客さんの所へ足繁く通うとそのうちにお客さんも心を開いてくれて、彼の熱心さと誠実さに心負けして、車を買ってくれるというのです。彼が言うには、営業の世界でトップ・セールスと呼ばれるような人は、彼に限らずコツコツ「足で稼ぐ」タイプの人が多いそうです。

また、営業の世界だけではなく、どのような職種の仕事であろうとも、いわゆる成功者という人は、やはり誠実に努力している人ではないかと思います。逆に持って生まれた才能に恵まれている人というのは、その才能に甘えてしまって、誠実な努力を怠りがちになる場合も多いようです。

#082

人の話は、最後まで聞いてみなければわからない

一《いち》を聞《き》いて以《もっ》て十《じゅう》を知《し》る。

▼一つのことを聞いて、その十倍のことを悟る。

『論語』の中では、有名な言葉です。しかし、この言葉は原書では、現在一般の人たちが理解している意味とは、多少異なった意味で語られているのです。

ふつうこの言葉を、「賢い人というのは、一つのことを聞いただけでも、それだけで十のことを悟ってしまう」というような意味で理解しているのではないでしょうか。

そして孔子は、そのような「賢い人」であったと理解しているかもしれません。

しかし、この言葉は原文では、以下のような文脈の中で述べられているのです。

孔子が子貢《しこう》という弟子に、「あなたと、顔回《がんかい》（孔子の弟子）とは、どちらが、すぐれた人材だと思うかね」と尋ねます。孔子にそう尋ねられた子貢は、「私は顔回にはかないません。顔回は、一を聞いて十を悟るほど賢い人間ですが、私などは一を聞いて二を悟るくらいがせいぜいです」と答えました。

面白いのは、この子貢の答を聞いて、孔子が次に述べる言葉なのです。孔子は、「そうだね、顔回にはかなわない。それは私も同じなのだ。私も、おまえと同様、一を聞いて二を悟ることぐらいしかできないのだ」と言うのです。

孔子は、前項の言葉の中でも、「自分は、生まれながらにして才能に恵まれた人間ではなかった」と言いました。しかし、だからこそ、「自分はコツコツ努力して学んできたのだ」とも言うのです。この「一を聞いて十を知る」という言葉も、孔子が言いたかったことは、同じ意味なのかもしれません。それは、「人間は才能で成功するのではない。努力で成功するのだ」ということなのです。

結局、「才能があっても、努力を怠る人間は、成功できない」ということなのです。

さらに言えば、こういうことも、孔子は言いたかったのではないでしょうか。

「『一を聞いて十を知る』というのは立派なことだが、賢くない人がこれをまねようとすると、往々にして、人の話をよく聞かないうちに、すべてをわかったつもりになりがちになる。それは、よくないことだ。誤った先入観を持つことになるからだ」と。

ですから、この言葉は「人の話は最後までよく聞きなさい」という指摘であるようにも思うのです。

#083

「できる人」も「できない人」も、同じように「愚かな人」となる

過《す》ぎたるは猶《な》お及《およ》ばざるがごとし。

▼行き過ぎたのは、行き足りないのと同じことだ。

これも、弟子の子貢が尋ねた問いに、孔子が答えた言葉です。

子貢が、やはり孔子の弟子である子《し》張《ちょう》と子夏とは、「どちらが、すぐれた人物であると思われますか」と尋ねます。

孔子は、

「子張は、すぐれ〝過ぎている〟。子夏は、修行が〝足りない〟」

と答えます。

それを聞いて、子貢は、

「ということは、子張のほうが子夏よりもすぐれている、ということですか」

と孔子に聞き返します。

そうすると孔子は、「いや、そうではないのだ。〝過ぎる〟ということも、〝足りない〟

ということも、同じことなのだ。同じように愚かなことなのだ」

と答えたのです。

孔子は、「中庸」ということを説きます。

「中庸」というのは、「ほどよくバランスが取れている」という意味です。

「愚かである」ということは、もちろん望ましくないことです。勉学が足りないからです。しかし、多少人よりも勉学ができて、すぐれた才能を持っている人というのは、自分の才能に溺れ、「自分は人よりもすぐれているのだから、人よりも多少努力を怠っても、だいじょうぶなのだ」などと奢り高ぶったことを考えるようになります。

また、自分のすぐれた才能に鼻高々になり、人をばかにしたり、自慢したりするようになります。

そのようなことは「人の道徳」に反することです。ですから、たとえ「賢い人」であっても、謙虚な生き方をしなければならないのです。

それが「バランスを取る」こと、「中庸」の意味だと孔子は言うのです。

そのような「謙虚な生き方」によって、人は真にものを学ぶことができ、自分を「賢い人」にすることができる、ということなのです。

#084 会う人を「我が師」と思い、人生を生きていこう

三人《さんにん》行《ゆ》けば、必《かなら》ず我《わ》が師《し》あり。
その善者《ぜんしゃ》を択《えら》んでこれに従《したが》い、その不善者《ふぜんしゃ》にしてこれを改《あらた》む。

▼三人に出会ったら、きっとそこに自分の師が見つかる。良い人を選んで、それを見習い、よくない人が見つかったら、やはりその行いを見て自分のよくないところを直すことができる。

孔子という人は当代随一《とうだいずいいち》の学者であり、弟子たちからは「先生」と仰がれていました。その孔子が、「三人行けば、必ず我が師あり」と言っているのですから、まさに孔子という人の誠実な人柄をよく表している言葉なのです。

孔子は、どのような人であっても、必ず「良い所」があると信じていたのではないでしょうか。ですから、「その人の「良い所」を見つけた時には、その「良い所」を学び自分も見習ってみることだ」と説いたのです。

口を開けば、身近な人の悪口ばかり言う人がいます。

しかし、そのような人は、人から「良い所」を何一つ学び取ることができません。実際に、人の悪口を言うその人自身が、実は悪口の対象としている人と「同じような人」

である場合が多いのではないでしょうか。

賢い人は、人はみな「我が師」と思い、「良い所」を学び取っていくから、ますます賢くなるのです。しかし、人の悪口ばかり言う人は、人から何も学び取れないので、いつまで経っても賢くなることなどできないのです。

「そうは言っても、あの人は本当にダメなんだから、しょうがないじゃないですか」

と反論する人もいるかもしれません。

しかし孔子は、「出会った人が、愚かと思えるような人であったなら、その愚かさをよく見て、その人がなぜ愚かなのかをよく考え、自分はその人と同じようなことをしないように注意すべきだ」と言います。つまり「反面教師にせよ」と言っているのです。これも、逆説的な意味かもしれませんが、やはり「人から学ぶ」ということなのでしょう。真に愚かな人であっても、孔子にとっては、「我が師」であるのです。

私たちは一生の間に、たくさんの人との出会いを重ねます。いったい、どのくらいの人と出会うのでしょうか。まあ、数えたらキリがないくらいの人と出会うのでしょう。その一人一人との出会いを大切にして、それぞれを「我が師」と思い、「良い所」を学ぶことでどれほど賢くなることができるかはわかりません。しかし、人との出会いを大切にしない人は、人から何も学ぶことはできず、一向に賢くはなれないのです。

#085

今後の方針に迷った時は、「過去」を振り返ってみよう

故《ふる》きを温《たず》ねて新《あたら》しきを知《し》る。

▼そのものの成り立ちの歴史を勉強しなければ、新しいことを知ることはできない。

「論語」の中では有名な言葉です。

孔子はまた、別のところで、「自分は、何か、新しい思想を説いているわけではない。昔の賢人たちが言い残したものに自分自身共感し、昔の賢人たちの言葉をそのまま自分も実践しているだけなのだ」

と言っています。

孔子は、そのように「古典」、また「歴史」といったものを、とても重んじる人だったのです。

私たちの人生においても、「過去を振り返る」ということは、大切なことではないかと思います。

それは、日本という国の歴史、また世界の歴史を勉強することです。またごく身近な

ところでは、たとえば自分の両親が若い頃にどのような体験をしてきたのか、その生い立ちを省みることから学べることも多くあります。

最近の経営者や作家でも、世間に名を成した人は、両親を大切に思い、自分の家系のルーツに関しても強い好奇心を持っている人がいるように思います。

なぜ「過去を振り返る」のかと言えば、それは、「これからの自分の人生をいかに生きるべきか、その指針を得るため」ということなのでしょう。

もし、企業で働く人であれば、やはりその会社の「歴史」を調べてみるということは大切です。

「社史」を読んでみて学ぶのです。

自分の会社は、どのような経緯で発展してきたのか。過去の経営者は、何を考え、何を目指してきたのか。

会社は、どのような方面に強く、またどのような人脈の上に成り立ってきたのか、そのようなことを学ぶのは、今後の会社の進むべき方向を考えるうえで必ず役に立つでしょう。

とくに今、何かに迷っている時、どう判断すればいいかわからなくなって困っている時、「過去を振り返る」ことは、迷いを解決するために有効でしょう。

#086

「できる人」は、遊びながらも仕事のことを忘れない

飽食終日《ほうしょくしゅうじつ》、心《こころ》を用《もち》うる所《ところ》なきは、難《かた》きかな。

▼おいしいものばかり食べて、遊んでばかりいて、何も考えることなく、日々ぼんやりと過ごしている人には困ったものだ。しっかりと将来のことを考えておかないと、進歩などないだろう。

ある出版社の編集者について書いてみたいと思います。

彼は有能な編集者で、会社の中でも、責任ある高い地位にいる人なのですが、自分で「メモ帳」と呼ぶ一冊の手帳を片時も肌身離さず持ち歩いています。

まあ、それは言ってみれば、「企画ノート」のようなものです。

次の本の企画をどのようなものにするか、タイトルはどうするか、装丁はどうするか、著者に誰を選ぶか……そのようなものをメモしておく手帳です。

およそ編集者ならば誰でも、そのような手帳を作っているものなのでしょうが、彼の場合、たとえば誰かと酒を飲んでいるような時であっても、頭の中にぱっとひらめくものがあれば、すぐにその手帳を取り出してメモをするのです。

職場で働いている時はもちろんのこと、遊んでいる時でも、電車に乗っている時でも、本当に片時も手帳を手放さず、書き込みをするのです。

彼の、そのような姿を見るにつけ、私が思うのは、この孔子の、「飽食終日……」という言葉なのです。

彼はもう高い地位にある人なのですから、それほど一生懸命になって働かなくても、おいしいものも十分に食べられますし、いい家にも住めますし、ある程度豊かな生活もできるのです。

しかし、そのような生活に甘んじていると、編集者としての技能や、編集者としてのカンのようなものが衰えていく……そのように彼は考えているようです。

ですから企画の手帳をいつも離さず、いつも仕事から頭が離れないようにしているのです。

孔子の言葉を借りれば、「心を用いる」ことを忘れずにいるのです。

おそらく、このような心構えが、彼の人生をますます充実したものにし、社会的地位を高めるのに役立っているのでしょう。

#087 当たり前のことを当たり前にできるのは、すごいこと

吾爾《われなんじ》に隠《かく》すことなし。吾行《われおこな》うとして二三子《にさんし》とともにせざることなし。

▼私は隠していることなど一切ない。日頃の行動にしても、すべて共に行い暮らしているではないか。

孔子は弟子たちに物事を教える時には、誰にでもわかるようなやさしい言葉で、言い聞かせる人でした。

そのような孔子に、弟子の一人が不満を抱いて、こう言ったのです。

「私は先生の下で教えを受けてから、もうかなりの年月になる。いろいろなことを勉強した。しかし先生は、そんな私に今でも、子供にでもわかるようなことしか教えてくれない。当たり前のことしか教えてくれない。もっと高尚な、難しいことを教えてください。先生はそれを知っていて、隠していらっしゃるんでしょう」

すると孔子は、次のように答えたのです。「私は隠していることなど一切ない。知っていることは、すべておまえたちに言い聞かせている。日頃の行動にしても、すべてお

まえたちと共に行い暮らしているじゃないか」

ある人から聞いた話ですが、**「いい上司」というのは、部下を指導する時は、決して難しい言葉づかいはしない**そうです。まさに孔子のように、誰にでもわかるようにやさしく説明するそうです。

よくない上司に限って、物事をややっこしく難解に説明するのです。ですから説明したことが、部下の頭の中で理解されず、部下は失敗を仕出かしてしまう、と言います。よく部下の失敗を、上司は叱ります。しかし本当は、上司の指導の仕方が悪かったのではないでしょうか。

部下が優秀だから、無能だからということに関係なく、部下が失敗をするのは、上司の側に問題がある場合も多いのではないでしょうか。

また当たり前のことを当たり前にするのが、一番難しいことだとも言われます。「そんなの当たり前じゃないですか」などと言いながら、実際にやってみると、できないということもよくあります。この「当たり前」のことを、軽く見て、「自分はもっと、すごいことができる」と信じ込んでいる人は、まだまだ修業が足りないのかもしれません。

その意味で、孔子は、当たり前のことを当たり前にでき、しかも、やさしく人に教えることのできる人だったのでしょう。このような人が、実は「すごい人」なのです。

#088

知識を人に自慢する人は、人から軽蔑される

黙《もく》してこれを識《しる》し、学《まな》びて厭《いと》わず、人《ひと》を誨《おし》えて倦《う》まず。我《われ》に何《なに》かあらん。

▼学ぶことを厭わず、知り得たことは献身的に人に教え、しかしながら、けっして自分の知識や教養を、いい気になって人に自慢することなどない。

「黙してこれを識し」というのは、わかりやすい言葉で言えば、知ったかぶりをしないということです。

そのような人こそ真に「徳のある人」なのだと説いたのです。当時孔子ほど、学識の豊かな教養人はいませんでした。しかし孔子は、みずからの知識を他人にひけらかして悦に入るような人物ではなかったのです。

逆の言い方をすれば、世の中には、学ぶことにそれほど努力もせず、いやむしろ、学ぶことなど面倒臭がって日頃は怠けてばかりいるのに、何かのきっかけでちょっと知り得たことがあれば、そのことをいかにも深く知っているように大きな顔をするような、情けない人間がいかに多くいるのか、そのことを皮肉をこめて言ったのかもしれません。

職場の上司にも、このような人がいるのではないでしょうか。

それほど能力もなく、また一生懸命に仕事をする様子もないのにもかかわらず、部下には、「もっとまじめに働きなさい。どうして君はダメなんだ」と怒鳴り散らすような上司です。人の上に立つ立場としてやらなければならない仕事など横に置いて、自分よりも立場の低い者たちに対して威張ることだけを生きがいとしているような上司です。自分には甘く他人には厳しい、身勝手な上司です。

孔子はそのような自分本意の人たちの存在を嘆きながら、自分はそんな人間にはなりたくないと、言ったのかもしれません。

「半可通《はんかつう》」という言葉があります。あまりよく知らないことを、いかにもよく知っているように装う人のことを言います。

もちろん、そのような人が、人から尊敬されるはずがありません。むしろ冷たく軽蔑されるだけでしょう。

一生懸命になって学び、そして働くが、その一生懸命さを人に見せびらかしたり自慢したりはしない。そのように慎み深く、謙遜できる人が、人から尊敬されるのです。

孔子は、そのような人であったようです。

#089

レベルに合った「教え方」でなければ、相手は何もわからない

与《とも》に共《とも》に学《まな》ぶべし。

▼相手のレベルに合わせて、物事は考えよう。

これは人に何かを「教える」「アドバイスする」、あるいは「忠告する」ときの心構えについて言っている言葉です。

たとえば中学生程度の学力しかない人に、大学で高等数学を教える先生が、ふだん大学でしている授業の通り講義をしたとしても、教えられる側にとってはチンプンカンプンとなるでしょう。その人が持っている学力に「合わせて」教えてあげなければ、その人は、何も学ぶことなどできません。

今年会社に入社してきたばかりの新人に、ベテラン社員でも難しいような仕事を押しつけて、「どうして、できないんだ」と怒っても、しょうがありません。

相手の立場に立って、相手のレベルに合わせてその人が理解できるようにものを教えたりアドバイスしたりする。これが人の上に立つ者の務めなのだ、と孔子は言っている

のです。

また、この言葉は、次のようなことを私たちに教えてくれているようにも思います。たとえば、ある人が、英語の勉強を始めようと思い立ちます。現在その人には、英語の知識はまったくありません。

それなのに、いきなり、原文で書かれた哲学書や、難解な小説などを教科書に使って英語の勉強を始めようと思っても、無理というものでしょう。かえって、わけがわからなくなって、勉強の意欲が無くなってしまうかもしれません。ですから、もし英語の勉強を始めようと思うのであれば、ごくごく初歩的な、誰にでもわかるように簡単に書かれた解説書の勉強から始めなければなりません。そして少しずつ、勉強のレベルを上げていって、そして最後に、外国人と自由自在に会話を楽しむことができるようになったり、難解な文章で書かれた本をスラスラと読むことができるようになったりするのです。

自分の現在の実力に合った、一歩一歩の積み重ねが大切であるのです。

人によく思われたい、人から称賛されたい、という気持ちが勝って、自分の実力よりはるかに高いものへ背伸びをして挑戦するのは、「無謀」というものでしょう。そんな無謀な挑戦は、結局は失敗に終わるでしょうし、かえって自分を傷つけてしまうもののように思います。自分に謙虚な努力が一番いいのです。

#090

不得意を克服し、得意なものに変えてしまおう

君子《くんし》は器《き》ならず。

▼賢い人の働きは限定されなくて、広い。

「賢い人」は、「器」ではない。この「器」というのは、「社長の器」「学者の器」という、私たちがよく使う言葉の「器」とは、多少意味が違います。「社長の器」の「器」は、その人の「度量」「心の広さ」といった意味でしょうが、この言葉の「器」は、むしろ「道具」といった意味に理解していただきたいと思います。

たとえば、ごはんを食べる時に使う「おちゃわん」です。このおちゃわんは、ごはんを食べる時にしか使いません。はしも、はしとしてしか使えません。そのような「道具」というものには、何かしらの用途があって、その用途以外のものには使わないのが一般的です。

孔子は、そのようなたとえ話をしながら、「人間」について説いているのです。人も、この「器」と同じなのだ、と孔子は言うのです。

たとえば営業マンなら、人との折衝事は得意とするでしょうが、それ以外のこと、新しい商品を開発したり、経理的な仕事は苦手でしょう。

同じように、その人が、経理にたずさわっている人であれば、数字の細かい計算は得意とするでしょうが、営業的に誰かに何かを売り込むような仕事は不得意とするものです。

つまり、その人の「用途」は、その人が得意とするものに限られているのです。

しかし、また「賢い人」は違う、と孔子は言います。本当に「賢い人」というのは、営業も、経理も、商品開発においても、全般に渡ってすぐれた才能を現す、というのです。

これが、「君子は器ならず」の意味なのです。

「これなら、私の得意とするところです。これだったら私に任せてください」と言う人がいます。

たしかに、得意な「一芸」を持つことは大切なことかもしれません。

しかし孔子に言わせれば、「まだまだ、それだけでは足りませんよ」ということなのでしょう。**「不得意なところも克服し、むしろそれを得意なものへと変えてしまうように努力しなければいけません」**と孔子は言っているのです。

「君子」への道は、なかなか大変なものがあるようです。

#091

好奇心旺盛な人間は、「時代」を見誤ることはない

多《おお》くを聞《き》きてその善《よ》き者《もの》を択《えら》びてこれに従《したが》う。多《おお》くを見《み》てこれを識《しる》す。

▼多くのものを見聞きして、その良いところを学び、それを模範として生きる。

この見出しの言葉には前置きとして、次の一文があります。

「蓋《けだ》し知《し》らずしてこれを作《な》す者《もの》あらん。我《われ》はこれなきなり」

その意味は、「何を学ばなくても、何の努力もしなくても、立派に生きていける人がいる。うらやましい限りだが、自分はそのような人間ではない」

だからこそ自分は、多くのことを見聞して、良いと思えるものを学び、それに従って生きるのだ、と孔子は言うのです。

この言葉は現代風に言えば、「好奇心旺盛に生きなさい」ということではないかと思います。

ある人材派遣会社の経営者が面白いことを言っていました。日頃からよく、「好奇心」を広く持つことの大切さについて、述べている人です。

たとえば、彼は、会社への行き帰りには、専用の自動車が用意されてはいるのですが、自動車に乗ることはないのです。電車で通勤するのです。

電車の、車内吊りの広告を見るのが楽しみというのがその理由です。電車には様々な商品の広告が張り出されています。それを眺めながら、

「そうか、最近の人たちは、このようなことに興味を持っているのか」

「これからの時代は、このようなものが流行するのだなあ」

というようなことを考えるそうです。

確かに「広告」というものは、その時代の「姿」をよく反映するものです。

この経営者が言うには、

「経営者というのは、自分の会社のことだけを考えていてはいけないんですよ。世間のこと、また時代の流れ、流行、などといったものに関心を持ち、見聞を広くしておかないと、会社を経営するのにどのような方向へ向けて舵を取っていいかわからなくなる。〝先見性〟を養うことが大切なんです。電車の車内広告は、この〝先見性〟を養うために、とても役立つ」そうです。

彼は、孔子の「多くを聞き」「多くを見」という考え方に合致した人なのです。

#092

「学ぶ」とは「まねること」。賢い人を「まねる」ことから始めよう

賢《けん》を見《み》ては斉《ひと》しからんことを思《おも》い、
不賢《ふけん》を見《み》ては而《しか》して内《うち》に自《みずか》らを省《かえり》みるなり。

▼賢い人と接する機会があれば、その人の賢いところを学び、自分でもまねしてみることだ。愚かな人といっしょにいる時は、その愚かさが自分にもあるのではないかと、自分を反省してみることである。

これはしばしば孔子が、口が酸っぱくなるほど何度も繰り返して言っていることです。

これは『論語』全般に渡って言えることなのですが、何も孔子は特別なことを言っているわけではありません。ふつうの人がわからないような深い思想を説いているのではないのです。

誰にでもできる実践的な教えを、誰にでもわかるようなやさしい言葉で、何度も何度も繰り返して解説しているのです。

では、なぜ繰り返し、同じようなこと言うのでしょうか。

一つには、それはとても大切なことであるからです。

大切なことだからこそ、それが聞く人の心にしっかりと根づくように、繰り返し同じことを述べるのです。

もう一つには、聞けば当たり前のようなことに思えても、それを現実に実践できる人は少ないからです。

この言葉も、同じことなのです。「賢い人から見習え」ということはわかっていても、いざ賢い人を見れば、怖じ気づいたり、その人を嫉妬したりして、何も学ぶことができない人が多いのです。「愚かな人からは、自分の反省の種にせよ」ということは頭ではわかっていても、愚かな人に出会えば、その人をばかにしたり無視したりして、自分の反省に結びつけない人が多いのです。

ですから孔子は、繰り返し、同じ教義を何度も述べるのです。

したがって、**たとえ前に同じようなことを聞いたと思っても、その度に「人生の貴い教え」と思って謙虚な気持ちで耳を傾けなければならないのです。同じような言葉であっても、その度に気づくことは、必ずあるはず**です。

謙虚に耳を傾けられれば、必ず孔子の教えが自分の血肉となり、充実した人生を築くことができるに違いないのです。

#093

成功事例よりも、むしろ失敗事例から学べ

過《あやま》ちて改《あらた》めざるを、これ過《あやま》ちと謂《い》う。

▼**自分の失敗を改めることができないのが、過ちなのだ。**

私自身、様々な会合などで、いわゆる「成功者」と呼ばれるような人にお目にかかることがありました。一代で事業を立ち上げ、大成功をおさめた人たちです。そのような人たちのお話を聞きながら、一つ気づかされることがあります。それは、この人たちは、事業を始めた当初から華々しい成功をおさめてきたというわけではない、ということです。

彼らは、よくこんなふうに言います。

「いやあ、初めは失敗の連続でしたよ」と。

「成功」とは、「失敗しない」ということではありません。むしろ、失敗は誰でもするのです。大切なのは、その失敗を、「次に」どう活かすか、ということです。

成功者は、その「失敗の活かし方」がたいへん上手な人なのではないでしょうか。

立ち上げた事業が、うまくいかないこともあるでしょう。

そこで、「ああ、もうダメだ」と諦めてしまうのが、失敗者なのです。

「よし今度は、同じ失敗をしないようにしよう。こうすれば失敗するから、次には、ああしてみよう」と「失敗」をポジティブに捉え、「次に活かすことができる人」が成功者となるのです。

ある大手の住宅販売会社の社史の題名は、『失敗の社史』というそうです。「社史」といえば、ふつうは、その会社の創業当初からの「成功」の話が語られているものですが、この会社ではあえて「失敗の歴史」を社史としているのです。

そこには、この会社の経営者の信念があります。彼は、「成功事例」というのは何の参考にもならない、というのです。

「過去の成功事例を知れば、現在の社員は単純にそれを真似したがる。同じことをやれば、同じようにうまくいくと考えるからだ。しかし当時とは時代も、市場の状況も変わっているのだから、同じことをやって同じようにうまくいくとは限らないのだ。むしろ失敗する確率のほうが高いのではないか。その点、失敗事例は、今の時代でも役に立つ。なぜ失敗したのか。それを考えることによって、大切な教訓を学ぶことができる」

と言っています。

#094

すぐれた上司は、部下に何かを尋ねることを、恥じることはない

下問《かもん》を恥《は》じず。

▼地位が低い者、年下の者に尋ねることを「恥」と思ってはいけない。

「下問」というのは、自分より地位が低い者、年下の者へ、何か尋ねる……ということです。

会社で言えば、自分の部下に、仕事のことについて「尋ねる」ということは、一種ためらいを感じるものです。上司としての自尊心が傷つくように思えてしまうからです。

「部長なのに、そんなことも知らないんですか」

などと部下に言われれば、上司としての立つ瀬がありません。

しかし、たとえ相手が部下であっても、「わからないことは、率直な気持ちで聞けばいいじゃないか。そんなことで自尊心が傷つくのであれば、それはつまらない自尊心だ」

と孔子は言うのです。

ある経営者が言っていました。

「立場が偉くなると、人の心には『うぬぼれ』が生まれる。『うぬぼれ』というのは、自分はこの世で一番偉く、反対に部下たちは自分よりも劣っている、と考えることだ。だから部下の忠告や進言を、たとえそれが正しいものであっても素直な気持ちで聞き入れることができなくなる。しかし、それはいけないことだ。経営者たるものは、謙虚な気持ちで部下の言葉に耳を傾けなければならないし、それができない人は、経営者として有能ではない」

「下問」を「恥」と考える上司も、この「うぬぼれ」の気持ちがあるからなのでしょう。

しかし、すぐれた上司は、自分の地位や立場に決してうぬぼれることはなく、また、部下に何かを尋ねなければならない時は、率直に聞くことができる上司なのではないでしょうか。

「人はみな師」という言葉があります。

人から学ぶことも多いので、全ての人を自分の先生と思い、尊敬する気持ちをもって接しようという精神を言ったものですが、それは相手が部下であっても、年下の者であっても一緒で、また同じく「師」であるのです。

そのような心構えがあってこそ、人はよりよい存在に成長していけるのです。さらに賢い人間へと自分を高めていくことができるのです。

#095

一日三回の「反省」を、習慣としよう

吾《われ》、日《ひ》に三《み》たび吾《わ》が身《み》を省《かえり》みる。

▼私は、一日に三度、自分自身の行いについて反省することを心がけている。

これは孔子の弟子であった、曾子《そうし》という人の言葉です。『論語』には、孔子のみならず、孔子の弟子であった人の言葉もたくさん登場してきます。

よく「セルフ・コントロールをできない人間は、大成しない」と言われます。今風に言えば「セルフ・コントロール」、昔風に言えば、この「我が身を省みる」ということです。

自分の判断は正しかったのか。将来への予測が間違った先入観にとらわれてはいなかったか。人に対しては、愛情をもって接していたか。自分の言ったこと、やったことで、人のやる気を喪失させたり、人の心を傷つけたりしたことはなかったか。そのようなことを常日頃から反省する習慣を持っている人には、「道を誤る」ということはありません。

では、「道を誤る」人、つまり何かにチャレンジしては失敗ばかり繰り返すのは、どのような人かと言えば、この反省的意識が欠けている人ではないかと思うのです。

この人の特徴は、いつも「思いつき」で物事を進めていくというところにあります。

誰かに、「これは儲かりそうな商売だよ」などと言われれば、よく考えもせずに、またその「商売」とやらが、いったいどのくらいの投資が必要となり、どの程度の採算が取れるものなのか、事前に何の調査をすることもなしに、「よし、やってみよう」とすぐに手を出そうとします。

周りにいる人たちにとっては、こんなに「危なっかしい人物」はいないのではないでしょうか。

どんな仕事でもそうなのですが、仕事には、「計画性」が大切になります。計画のない事業など、まず失敗すると言っても過言ではないでしょう。

また「計画」は、一度立てれば、それでいいというものではありません。世間の状況は刻々変化するものなのですから、その状況の変化に合わせて、一度立てた計画を途中で変更しなければならない時も出てくるはずです。

そのような時に、この**自己を「省みる」習慣を持ち合わせている人ならば、「状況の変化」にも柔軟に対処していくことができる**と思います。

#096

言い訳や、誰かの悪口は、自分自身を不幸にするばかり

天《てん》を怨《うら》みず、人《ひと》を尤《とが》めず。

▼世間のことや、人のことを悪く言うのは、おやめなさい。

物事がうまく運ばない時、予定していたことが思った通りにいかない時、私たちはついイライラと心をかき乱してしまいます。

そして、よく、身近にいる人に、ささいなことで「うるさい。じゃましないでくれよ」と怒鳴ったり、あるいは上司のことを引き合いに出して、「あんな部長の下では、やってられないよ」と、こぼしたりします。

しかし、よく考えてみれば、うまくいかないのは、身近にいる人のせいでもなく、上司が悪いからなのでもありません。自分の努力が足りないだけなのです。このように、自分のことは棚に上げて他人を非難してばかりいる人に向かって、孔子は、この見出しの言葉を言っているのです。

確かに、私たちの周囲を見回しても、「あいつはダメだ。こいつはダメだ。景気が悪

いのは、あの人のせいだ。会社が発展しないのは、この人のせいだ」と誰彼となく悪口ばかり言っている人というのは、仕事のできる有能な人であるとは言えないと思います。「できる人」というのは、人の悪口など滅多に口にすることなどありません。「できる人」というのは、自分を少しでも向上させようとする意志の強い人なのです。

誰かの悪口を言ったところで、自分が向上するわけではありません。「できる人」は、

それがわかっていますから、人の悪口など言わないのです。

悪口を言ったからといって、心がすっきりと晴れ渡ることはないでしょう。むしろ、何かいやな、暗い気分になるのではないでしょうか。

悪口を言うことは、マイナス作用となって心に働くからです。自分を向上させるどころか、人生を停滞させてしまうのです。

「人」の悪口を言って、それで気が晴れることなどあるのでしょうか。決して、そんなことはありません。

むしろ後ろめたい思いに悩まされるだけではないでしょうか。

何かで失敗した時には、誰かの悪口を言うのではなく、それをもっとポジティブに考えたほうが得策です。「ピンチはチャンス」という言葉もあります。ピンチになった時こそ、自分の本当の実力が試される時なのです。

#097

口がうまい人にかぎって、仕事ができない

巧言令色《こうげんれいしょく》には鮮《すく》なし仁《じん》。

▼必要以上に言葉を飾る人で、真に信用できる人間は少ないものだ。

これは孔子の言葉としては、よく知られているものの一つです。

同じような意味で、「口上手の仕事下手」ということわざもあります。

人からよく思われたい、自分の能力を高く評価してほしい。そのような思いは少なからず誰にでもあるのではないでしょうか。

では、「人からよく思われる」ために、どうするのか。ここからとる行動で、その人が真に人から「信頼される人間」なのか、そうではないのか、が別れるように思います。

一口で言えば、「信頼される人間」とは、有言実行の人なのでしょう。約束したことは必ず守り、絶対に嘘はつかないのです。その人には「行動」が伴っているのです。

しかし「巧言冷色」の人は、言葉巧みに「だいじょうぶ、私に任せてください」「私が必ず、やり遂げてみせます」と大きなことは言いますが、口だけで終わり、「行動」が伴わな

いのです。

このような人は、いくら口でうまいことを言っても、決して人から信頼も信用もされることはないでしょう。

たとえば部下に、「〇日までに、この仕事を完了させておいてくれるかい。君、だいじょうぶかい」とある仕事を任せます。そして「はい、楽々できますよ」という返事だったので安心していたところ、当日になって、「すみません。できませんでした」などと言われれば、どうでしょう。「楽々できるって、約束したじゃないか」と怒りたくもなるのではないでしょうか。

そして、その部下の言葉など二度と信用したくなくなります。

このように、「鮮なし仁」の人は、「口で言うこと」と「実際にやってみる」ことに、しばしば食い違いが生じてしまうのです。孔子は、そのような人を、この言葉でいさめているのです。

「安請け合い」などと、よく言います。この「安請け合い」ほど、人の信用を失墜させるものはありません。では、どうしたら、「安請け合い」をせずに済ませられるのでしょうか。それは、**「できないこと」は、きっぱりと「できません」と言う**ことなのです。

少なくとも、このほうが、人の信用は失わずに済むでしょう。

#098

自分に自信を持てない人間は、言い訳がうまい

力《ちから》足《た》らざる者《もの》は中道《ちゅうどう》にして廃《はい》す。今女《いまなんじ》は画《かく》す。

▼力のない者が修行の途中で挫折したりするのは、しかたのないことかもしれない。そもそも修行をしていないあなたには、力があるとか、ないとか、そのようなことを言う権利はない。

ある時弟子の一人が、孔子に向かって、

「先生のおっしゃることは、誠にありがたく高尚な教えであると思うのですが、私のように力が足りない人間には、なかなか実践することが難しいのです」

と言いました。

それに答えて、孔子が言った言葉がこれです。

確かに、この弟子のようなことを言う人は、私たちの周囲にもいるものです。

何か仕事の提案をする。

すると、その人は苦虫をかみつぶしたような顔になって、

「ダメダメ、そんなもの、ダメに決まってるよ。うまくいきっこないよ」

などと言い出すのです。

「ダメ」か、「うまくいく」のか、やってみなければわからないと思うのですが、とにかくその人は、何もしてみないうちから、「それはダメ」と決めつけてしまうのです。

また、なぜ「ダメ」なのか、その論理的な根拠もあまりはっきりしないようで、「ダメなものは、絶対にダメ」というのが、その人に口ぐせなのです。

どうやら、その仕事が「ダメ」だとか「うまくいく」という以前に、本音としては自分が、その仕事を「やりたくない」という気持ちがあるようです。

おそらく、その仕事は非常に労力を必要とする仕事であって、現実にその仕事が「うまくいかない」可能性もある。その時に自分が責任を負わされるようになったら大変なことになる。そのような不安や恐怖心から、最初から「それはダメ」と決めつけているのでしょう。

結局、自分自身に自信がないのです。

「それはダメ」と断定的に決めつけるのは、自分の「自信のなさ」を覆い隠したい気持ちからなのでしょう。

繰り返しますが、何事も「やってみなければ、わからない」のです。もっとチャレンジ精神をもって生きるほうが、人生は充実したものになるのです。

#099

自分を向上させる修練を積んでいる人は、立派な人になる

性《しょう》、相《あ》い近《ちか》し。習《なら》えば、相《あ》い遠《とお》し。

▼身の上が似通っていても、その後その人がどういう修練を積んだかによって、まったく異なった人間になってしまうものだ。

「性」とは、「身の上」という意味です。

たとえば血液型による性格診断というものがあります。

血液型によって、それぞれの性格の特徴が出るのです。同じ血液型同士の人であれば、お互いに共通点が見られます。

しかし、これは一見そうなのであって、その人の人間性をよく観察すれば、同じ血液型であっても「違い」が見られます。同じ血液型であっても、高潔な人もいれば、そうでない人もいるのです。なぜ、そのような「違い」が現れるのか。その理由を、孔子は、「その人の修練の差である」と言います。

「自分の人間性を高めようとがんばって修練している人は、おのずから立派な人間にな

る。修練を積まなければ、だめな人間になってしまう。だから、ふだんから自分を高める努力を怠ってはいけない」と言いたかったのでしょう。

また、たとえば、同窓会などで旧友に再会するとします。

もう何十年も会っていなかったりすると、「あの人も、ずいぶん変わったなあ」と驚かされることがあります。昔はあまり目立たない、ぱっとしなかった人だったのに、久し振りで再会すると、見違えるように立派な人間になっていた、という場合もあるでしょう。

逆に以前には勉強もよくできたし、活発で明るい性格の人だったのに、今は何かひどく疲れてみすぼらしい人間に見えるということもあるかもしれません。

これもまた、その人のその後の修練の結果が表れたのでしょう。

自分の人間性を高めるための修練は、日々こつこつとした努力が大切です。前の晩に一冊の本を読んだから、今日は見違えるように賢い人間になっている。そのようなことは、まずあり得ません。賢い人間になったにしても、それは「ほんのちょっと」なのです。

しかし、この「ほんのちょっと」を毎日少しずつ積み重ねることによって、一年後、二年後、十年後に、その人はとても立派な人間になっていくのです。

#100 偉大な人間には、九つの考え方がある

君子《くんし》に九思《きゅうし》あり。

▼偉大な人間には、九つの考え方がある。

(一) 物事を見る時には、細かいところまでよく観察すること。
これは判断を誤らないために重要なことで判断を誤ると、いい結果も出ないのです。

(二) 物事を聞く時は、耳を澄ましてよく聞くこと。
人の話は、よく聞く。これは人間関係の礼儀でしょう。そして、これもまた判断を誤らないために重要なことです。

(三) 表情は、いつもおだやかにしていること。
これも人間関係において重要なことです。おだやかな表情は、人間関係を円満にします。人は、円満な人間関係の中で生きていくことが、一番幸せではないでしょうか。

(四) 外見は、つつましくしていること。
人からよく思われようと、着飾ったり見栄を張ったりすることはやめなさい、と

いう意味です。そのようなことをしても、その人の人間的な未熟さ、愚かさは、他人からはすぐに見破られてしまうからです。

（五）物事を話す時は、誠実であること。

嘘やでまかせを言ってはいけない、ということです。嘘やでまかせは、その場の言い逃れでしかなく、いつかはバレてしまうものです。人から信頼されたいのであれば、人には誠実に接する、ということです。

（六）仕事をする時は、慎重であること。

仕事で失敗しないための、重要なコツの一つです。

（七）疑問に思ったことは、尋ねること。

聞くは一時の恥です。知らないままでいるほうが、ずっと恥ずかしいことです。

（八）怒らないこと。

感情を荒立てて、誰かに怒りをぶつけると、その結果は往々にして、いいことがありません。人の恨みを買って後々イヤな思いをするだけなのです。

（九）欲に惑わされるのではなく、道義を重んじること。

金銭欲やその他の欲望に惑わされている人は、人をだましたり嘘を言うことにためらいを感じません。そのことが、その人の人間性をますます落としていくのです。

column

何より大事なまじめに学んでいく姿勢

・努力をいとわない人間になろう。
・人の話は最後まで聞こう。
・才能の伸ばし方は、「亀のように」がいい。
・会う人を、自分の師匠と思おう。
・歴史に学んで、将来を考えよう。
・できるだけわかりやすく、簡潔にものを言おう。
・知識を自慢するのはやめよう。
・好奇心旺盛な人間になろう。
・失敗した経験から、教訓を学ぼう。
・一日三回、自分を顧みる時間を作ろう。

【参考文献】

『論語』（金谷治・訳注　岩波文庫）
『論語』（竹内照夫　日原利国・訳　平凡社中国古典文学体系）
『孔子　人間どこまで大きくなれるか』（渋沢栄一・著　竹内均・編解説　三笠書房）

索引

ア行

カ行

サ行

タ行

ナ行

ハ行

マ行

ヤ行

ラ行

ワ行

●著者プロフィール
植西　聰（うえにし　あきら）

東京都出身。著述家。
学習院大学卒業後、資生堂に勤務。
独立後、人生論の研究に従事。
独自の『成心学』理論を確立し、人々を明るく元気づける著述を開始。
1995年、「産業カウンセラー」（労働大臣認定資格）を取得。

〈主な著書〉
・折れない心をつくるたった１つの習慣（青春出版社）
・平常心のコツ（自由国民社）
・「いいこと」がいっぱい起こる！　ブッダの言葉（三笠書房・王様文庫）
・話し方を変えると「いいこと」がいっぱい起こる（三笠書房・王様文庫）
・マーフィーの恋愛成功法則（扶桑社文庫）
・ヘタな人生論よりイソップ物語（河出書房新社）
・運がよくなる100の法則（集英社・be文庫）
・運命の人は存在する（サンマーク出版）
・不動心のコツ（自由国民社）
・いつまでも若々しく生きる小さな習慣（辰巳出版）
・ひとりの時間が心を強くする（青春出版社）

乱れない心をつくる100の言葉

2020年4月10日　初版第１刷発行

著　　者／植西　聰
発 行 者／赤井　仁
発 行 所／ゴマブックス株式会社
　　　　〒107-0062
　　　　東京都港区南青山6丁目6番22号
印刷・製本／日本ハイコム株式会社

ISBN978-4-8149-2209-3

※本書は、『ツキを呼びこむ「論語」の成功法則』（2002年2月20日　第１刷発行　成美堂出版株式会社）を基に加筆・修正し、ゴマブックスから発行したものです。